CB063598

ESTE LIVRO
PERTENCE A:
_____
_____

Histórias de Ninar para Garotas Rebeldes

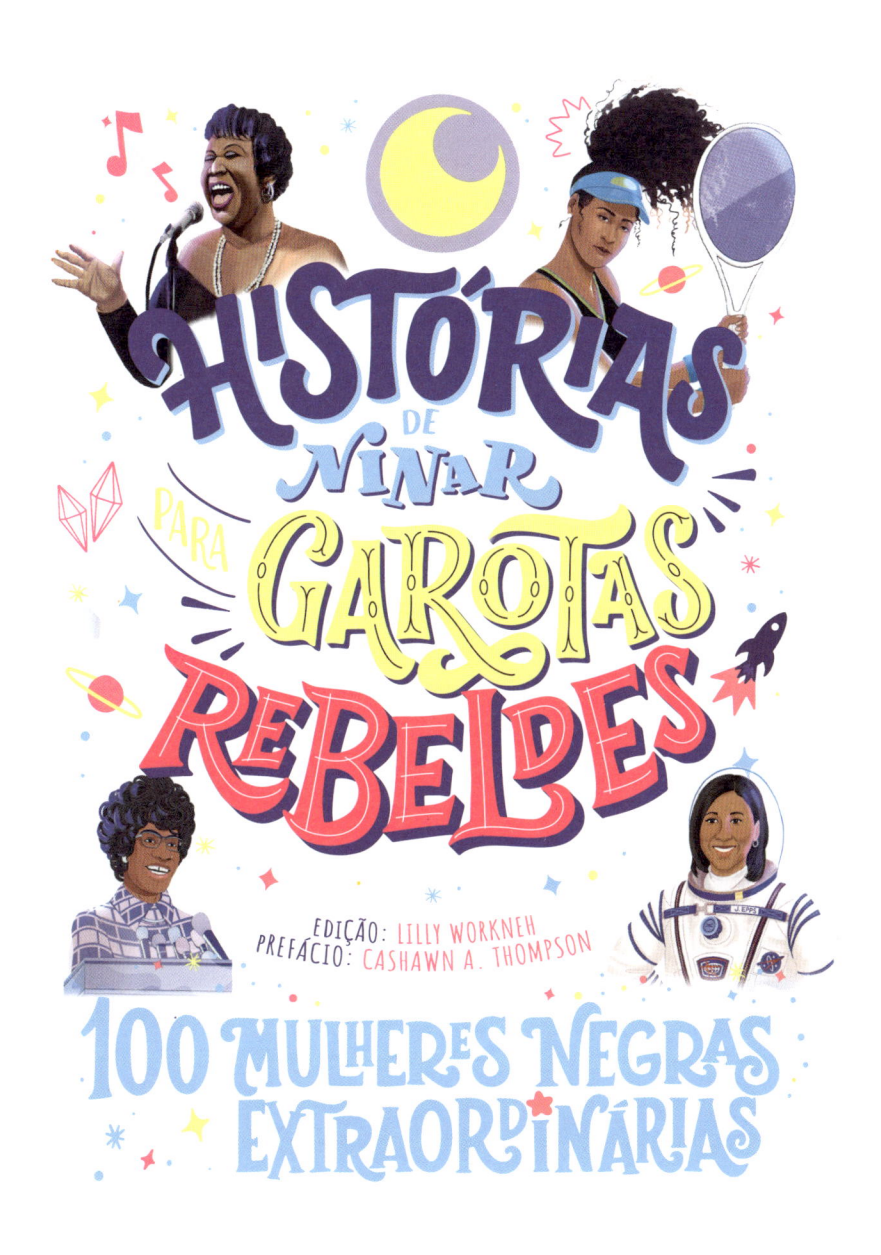

EDIÇÃO: LILLY WORKNEH
PREFÁCIO: CASHAWN A. THOMPSON

100 Mulheres Negras Extraordinárias

Tradução
Flávia Yacubian

Outro Planeta

Copyright © Rebel Girls, Inc., 2021
Copyright © Editora Planeta do Brasil, 2025
Copyright de tradução © Flávia Yacubian, 2025
Todos os direitos reservados.
Título original: *Good Night Stories for Rebel Girls: 100 Real-Life Tales of Black Girl Magic*

Preparação: Mariana Silvestre e Camila de Souza Gonçalves
Revisão: Layane Almeida e Tamiris Sene
Direção editorial e de arte original: Giulia Flamini
Editor: Lilly Workneh
Design original de capa e miolo: Annalisa Ventura
Diagramação: Vanessa Lima
Capa: Adaptada do projeto original de Pemberley Pond
Adaptação de lettering de capa: Juliana Moore
Ilustrações de capa: Olivia Fields (Shirley Chisholm), Alleanna Harris (Jeanette Epps), Johnalynn Holland (Aretha Franklin), Danielle Elysse Mann (Naomi Osaka)

CIP-BRASIL. CATALOGAÇÃO NA PUBLICAÇÃO
ANGÉLICA ILACQUA CRB-8/7057

Flamini, Giulia
    Histórias de ninar para garotas rebeldes : 100 mulheres negras extraordinárias / Rebel Girls ; tradução de Flávia Yacubian. — São Paulo : Planeta do Brasil, 2025.
    240 p. : il., color.

    ISBN: 978-85-422-2928-8
    Título original: Good Night Stories for Rebel Girls: 100 Real-Life Tales of Black Girl Magic

    1. Mulheres – Biografia – Literatura infantojuvenil 2. Mulheres negras I. Garotas rebeldes II. Yacubian, Flávia

24-4776   CDD 920.72

Índice para catálogo sistemático:
1. Mulheres – Biografia – Literatura infantojuvenil

Ao escolher este livro, você está apoiando o manejo responsável de florestas do mundo e outras fontes controladas.

2025
Todos os direitos desta edição reservados à
Editora Planeta do Brasil Ltda.
Rua Bela Cintra, 986, 4º andar – Consolação
São Paulo – SP – 01415-002
www.planetadelivros.com.br
faleconosco@editoraplaneta.com.br

Para todas as garotas rebeldes do mundo:

Acredite no seu sonho

Assuma seu poder

Liberte sua magia

E, lembre-se:

O mundo é seu.

SUMÁRIO

PREFÁCIO	ix
INTRODUÇÃO	xii
ADRIANA BARBOSA • EMPRESÁRIA	16
ALICIA GARZA, OPAL TOMETI E PATRISSE CULLORS • ATIVISTAS	18
AMANDA GORMAN • POETA	20
ANGELA DAVIS • ATIVISTA	22
ANGELA JAMES • JOGADORA DE HÓQUEI	24
ANGELLA DOROTHEA FERGUSON • MÉDICA-PESQUISADORA	26
ANNA OLGA ALBERTINA BROWN • TRAPEZISTA	28
ANNE-MARIE IMAFIDON • MATEMÁTICA	30
ARETHA FRANKLIN • CANTORA	32
ARIAM TEKLE • APRESENTADORA DE PODCAST E DOCUMENTARISTA	34
AUDRE LORDE • POETA	36
AUGUSTA SAVAGE • ESCULTORA	38
AVA DUVERNAY • CINEASTA	40
AYA CISSOKO • PUGILISTA	42
BARBARA HILLARY • ENFERMEIRA E AVENTUREIRA	44
BESSIE COLEMAN • PILOTA DE AVIÃO	46
BESSIE STRINGFIELD • MOTOCICLISTA	48
BEVERLY LORAINE GREENE • ARQUITETA	50
BRIGID KOSGEI • MARATONISTA	52
CAROLINA CONTRERAS • CABELEIREIRA E EMPRESÁRIA	54
CHESLIE KRYST, KALIEGH GARRIS, NIA FRANKLIN, TONI-ANN SINGH E ZOZIBINI TUNZI • MISSES	56
CHIDO GOVERA • PRODUTORA DE COGUMELOS	58
CLARA HALE • HUMANITÁRIA	60

CLARA HOLMES • MODELO	62
DOMINIQUE JACKSON • ATRIZ	64
EMILIYA TUREY • JOGADORA DE HANDEBOL	66
ERIKA "IKA" HÜGEL-MARSHALL • ATIVISTA E ESCRITORA	68
ERIKA HILTON • POLÍTICA E ATIVISTA	70
ETHEL JOHNSON, BABS WINGO E MARVA SCOTT • LUTADORAS	72
FATOU NDIAYE • ATRIZ, ATIVISTA E INFLUENCIADORA	74
FERNANDA GARAY • JOGADORA DE VÔLEI	76
FLORENCE GRIFFITH JOYNER • VELOCISTA	78
FUNMILAYO RANSOME-KUTI • ATIVISTA	80
GLADYS KALEMA-ZIKUSOKA • VETERINÁRIA DA FAUNA SILVESTRE E CONSERVACIONISTA	82
IBTIHAJ MUHAMMAD • ESGRIMISTA	84
IDA B. WELLS • JORNALISTA	86
IMAN • SUPERMODELO E EMPRESÁRIA	88
INGRID SILVA • BAILARINA	90
INSOONI • CANTORA	92
ISSA RAE • ATRIZ, ROTEIRISTA E PRODUTORA	94
JACQUELINE DUNKLEY-BENT • PARTEIRA	96
JANETH ARCAIN • JOGADORA DE BASQUETE	98
JAQUELINE GOES DE JESUS • CIENTISTA	100
JEANETTE EPPS • ASTRONAUTA	102
JESSAMYN STANLEY • PROFESSORA DE YOGA	104
JOY BUOLAMWINI • CIENTISTA DA COMPUTAÇÃO	106
JOY REID • JORNALISTA E ÂNCORA	108
JULIA LÓPEZ • PINTORA	110
KAMALA HARRIS • POLÍTICA E ADVOGADA	112
KHERIS ROGERS • ESTILISTA	114
KIMBERLY BRYANT • ENGENHEIRA E EMPRESÁRIA	116
KRISTAL AMBROSE • AMBIENTALISTA	118
LADI KWALI • CERAMISTA	120
LEAH CHASE • CHEFE DE COZINHA	122

LÉOPOLDINE DOUALLA-BELL SMITH • COMISSÁRIA DE BORDO	124
MC SOFFIA • RAPPER	126
MAMIE PHIPPS CLARK • PSICÓLOGA	128
MARGARET BUSBY • EDITORA	130
MARÍA ISABEL URRUTIA • LEVANTADORA DE PESO	132
MARSAI MARTIN • ATRIZ E PRODUTORA EXECUTIVA	134
MARSHA P. JOHNSON • ATIVISTA	136
MEGHAN MARKLE • DUQUESA DE SUSSEX, ATRIZ E HUMANITÁRIA	138
MURIEL TRAMIS • DESIGNER DE VIDEOGAME	140
NANDI BUSHELL • BATERISTA	142
NAOMI OSAKA • TENISTA	144
NATHÁLIA RODRIGUES • EMPRESÁRIA E ADMINISTRADORA	146
NEUSA SANTOS SOUSA • PSIQUIATRA E ESCRITORA	148
NZINGA DE NDONGO E MATAMBA • RAINHA	150
OCTAVIA E. BUTLER • ESCRITORA	152
OLIVE MORRIS • ATIVISTA	154
PATRICIA BATH • OFTAMOLOGISTA E INVENTORA	156
PHIONA MUTESI • ENXADRISTA	158
POLY STYRENE • ROQUEIRA PUNK	160
QUEENDOM • GRUPO DE ARTE PERFORMÁTICA	162
REBECA ANDRADE • GINASTA	164
RITA BOSAHO • POLÍTICA	166
ROSETTA THARPE • GUITARRISTA	168
ROXANNE SHANTÉ • RAPPER	170
RUANE E SHEILA JETER • INVENTORAS	172
RUTH E. CARTER • FIGURINISTA	174
RYANE LEÃO • POETA E PROFESSORA	176
SAMARRIA BREVARD • SKATISTA	178
SANDRA AGUEBOR-EKPERUOH • MECÂNICA	180
SANITÉ BÉLAIR • COMBATENTE PELA LIBERDADE	182
SASHA HUBER • ARTISTA	184
SHIRLEY CHISHOLM • POLÍTICA	186

SIMONE MANUEL • NADADORA — 188

SONIA GUIMARÃES • PROFESSORA DE FÍSICA — 190

STEFFI JONES • JOGADORA DE FUTEBOL — 192

SUAD ALI • CIENTISTA POLÍTICA E ESCRITORA — 194

SUSANA BACA • CANTORA — 196

TANIA J. LEÓN FERRÁN • COMPOSITORA E REGENTE — 198

TAYTU BETUL • IMPERATRIZ — 200

THOKOZILE MUWAMBA • PILOTA DE CAÇA — 202

TONI MORRISON • ESCRITORA — 204

VILAREJO DE UMOJA • COMUNIDADE DE MULHERES — 206

VIOLA DAVIS • ATRIZ — 208

VIOLA DESMOND • EMPRESÁRIA E ATIVISTA — 210

YETNEBERSH NIGUSSIE • ADVOGADA — 212

ZAHRA BANI • LANÇADORA DE DARDO — 214

CONHEÇA MAIS REBELDES! — 216

ESCREVA SUA HISTÓRIA — 228

DESENHE SEU RETRATO — 229

ATIVIDADES — 230

GLOSSÁRIO — 232

SOBRE AS AUTORAS — 234

ILUSTRADORAS — 236

SOBRE AS REBEL GIRLS — 237

CELEBRE A MAGIA DAS GAROTAS NEGRAS — 238

PREFÁCIO

Querida Rebelde,

Bem-vinda a um livro repleto de garotas negras maravilhosas! Meu nome é CaShawn Thompson, e eu sou a Garota Rebelde que criou a famosa frase "Black Girls Are Magic" em português "Garotas negras são mágicas", que, rapidamente, se tornou o movimento #BlackGirlMagic (#mágicadegarotasnegras). Fiquei superanimada quando as Garotas Rebeldes me convidaram para participar deste livro incrível – e mal posso esperar para você, cara leitora, lê-lo!

Antes de avançar na leitura, aposto que você está se perguntando: "O que é a *Mágica de garotas negras*?".

Vou lhe contar um segredo: quando eu era criança compreendi que meninas e mulheres negras são mágicas. Não quero dizer criaturas míticas, mas, sim, mulheres que fazem coisas extraordinárias! Na minha infância, adorava ler contos de fadas repletos de florestas encantadas e criaturas com poderes especiais, como bruxas, feiticeiras e fadas.

Eles eram mágicos, então, foi assim que passei a descrever as coisas magníficas que aconteciam ao meu redor.

Pensava que minha mãe, avó, minhas tias e primas mais velhas faziam coisas incríveis porque tinham poderes especiais também! Esse poder aparecia nas deliciosas tortas de batata-doce que minha avó assava, e no modo como minha tia contava histórias e ensinava minha irmã e eu a dançar. Aparecia também nas tranças que minhas primas mais velhas faziam em nosso cabelo, fazendo com que nos sentíssemos livres, amadas e fortes. Todas essas coisas se pareciam com uma energia muito forte, como magia.

Eu cresci e comecei a entender o mundo de outra maneira. Percebi que o que me parecia magia na infância era, na verdade, o trabalho duro, a inteligência, a força e o amor de todas as mulheres negras ao meu redor. Era mágico vê-las espalhar essa luz, apesar dos obstáculos que enfrentavam.

Enxergar essas características positivas – primeiro, nas mulheres da minha família, depois, em amigas, professoras e celebridades queridas – fez eu me sentir forte e esperta. Eu me sentia bem em relação a mim mesma porque via mulheres negras existindo no amor e sendo exemplos de excelência no mundo. É importante para mim contar sobre mulheres potentes às garotas do mundo todo, de todas as origens, garotas como VOCÊ. Quero que VOCÊ se sinta bem e se inspire também.

Ao ler as histórias deste livro, você vai aprender sobre mulheres lendárias, e sobre mulheres pouco conhecidas. Não importa o tamanho do feito – cada uma é extraordinária do seu próprio jeito. Algumas se tornaram campeãs olímpicas, outras entraram para a história da política ou criaram arte poderosa e invenções importantes. Você vai ficar maravilhada com todas elas!

É importante que você não se pareça com elas ou que não venha dos mesmos lugares?

Não!

É importante que elas sejam mais velhas ou mais novas que você, ou que falem uma língua diferente da sua?

De jeito nenhum!

A única coisa que importa é que VOCÊ acredite ser capaz de também fazer coisas incríveis em sua vida. Essas histórias vão mostrar mulheres fenomenais e ativar sua imaginação. Não são contos de fadas inventados – são HISTÓRIAS REAIS de mulheres que têm a "magia".

Assim como elas, você é especial e importante, e não importa o caminho que escolha na vida, você vai encontrar a magia dentro de si e compartilhar sua luz com o mundo.

É uma promessa: a magia está bem ali.

Como amor, sempre.

Ms. Shawn

CaShawn A. Thompson

INTRODUÇÃO

Bem-vinda ao maravilhoso mundo da Mágica de Garotas Negras e ao quarto volume de *Histórias de ninar para Garotas Rebeldes*! Eu sou Lilly, editora estadunidense deste livro, e estou supercontente de fazer este convite para vocês embarcarem comigo nesta leitura. Este livro, como cada um da coleção, está recheado com 100 histórias de mulheres marcantes que inspirarão você e quem sabe expandir suas ideias sobre as muitas coisas que você pode ser e fazer.

    Algumas coisinhas tornam este volume superespecial. Para começar, o livro todo traz histórias reais de mulheres negras, e foi produzido por pessoas negras também. Mais de sessenta ilustradoras, cisgênero e não binárias criaram os retratos incríveis aqui presentes. Quatro autoras negras (inclusive eu!) contribuíram para as histórias. E CaShawn Thompson, essa mulher inovadora que cunhou o termo Black Girl Magic (Mágica de Garotas Negras), ajudou a escolher as histórias que você encontrará nestas páginas. Ela também escreveu o prefácio que inicia o livro.

Sendo uma contadora de histórias com uma longa caminhada pelo jornalismo, acredito que é muito importante destacar mais as histórias e legados de mulheres e meninas negras. Todo mundo já viu algum personagem negro em um livro que simplesmente não parecia real ou verdadeiro. Ou pior: muita gente já leu muitos livros sem personagem negro algum! Com este livro, queremos que leia sobre mulheres e meninas que riram, cantaram, choraram e que tiveram esperanças e frustrações – iguaizinhas a você!

As histórias deste livro apresentam mulheres que incorporam quatro forças diferentes. Você lerá sobre mentes criativas, como a premiada cantora Aretha Franklin; campeãs que quebram recordes, como a estrela do tênis Naomi Osaka; líderes políticas, como a incansável Shirley Chisholm; e mulheres inovadoras, como a ousada astronauta Jeanette Epps.

Pode ser que, ao passar as páginas, você encontre nomes que não conhece e histórias que não são familiares. E tudo bem! Cada história neste livro te levará para um tempo e um lugar diferentes, expandindo seu conhecimento e impulsionando sua imaginação. Esses contos emocionantes te transportarão do Reino de Ndongo, atual Angola, em 1600, onde a rainha Nzinga lutou para proteger o seu país, para os degraus da Casa Branca nos Estados Unidos em 2021, onde Amanda Gorman se tornou a poeta mais jovem a discursar em uma posse presidencial.

Você conhecerá mulheres de diversos continentes com diferentes tons de pele, estilos de cabelo, religiões, origens e profissões. Nós esperamos que as histórias ilustrem as circunstâncias da vida dessas mulheres, os desafios sociais e pessoais que enfrentaram e as contribuições que deram. E, no fim do livro, você encontrará uma seção bônus que mostra mais mulheres negras notáveis que foram apresentadas nos livros anteriores da coleção Garotas Rebeldes.

Ao terminar cada história, pare um momento para pensar em como a mulher apresentada te inspirou. Você quer ser corajosa o suficiente para liderar uma nação, como a imperatriz etíope Taytu Betul? Ou rápida o suficiente para se tornar uma esgrimista olímpica, como Ibtihaj Muhammad? Você quer encontrar novas maneiras legais de melhorar sua comunidade, como a produtora de cogumelos Chido Govera? Ou misturar diferentes estilos musicais para ser uma pioneira musical, como Rosetta Tharpe? Deseja defender os direitos das mulheres, como Funmilayo Ransome-Kuti? Ou ser sábia, como a psicóloga Neusa Santos Souza, para poder ajudar as pessoas a se compreenderem melhor? Ou você quer dominar a arte de cozinhar, como a chefe de cozinha Leah Chase? Ou, ainda, ampliar sua imaginação e criar novos mundos, como a escritora Octavia E. Butler?

Essas mulheres são Garotas Rebeldes da vida real. Elas seguiram seus sonhos, não importava o que acontecesse, e fizeram o que era certo, embora nem sempre tenha sido fácil. Algumas, como a jornalista Ida B. Wells, testemunharam tragédias horríveis, mas continuaram a escrever e a conscientizar a sociedade. E outras, como a ativista Viola Desmond, tiveram de enfrentar preconceitos ridículos por conta da cor da sua pele enquanto tentavam viver uma vida gratificante.

Essas mulheres levantaram a voz por si e pelos outros. E não deixaram que a dúvida de ninguém as impedisse de lutar por seus objetivos.

Meu desejo para todas nós é que sejamos como elas. Permita que a coragem e a perseverança delas empodere você e todas as Garotas Rebeldes do mundo para que continuem a quebrar barreiras e alçar voos cada vez mais altos. Não há nada mais mágico do que isso.

Com amor,

Lilly

Lilly Workneh

HISTÓRIAS DE NINAR PARA CAROTAS REBELDES

ADRIANA BARBOSA

EMPRESÁRIA

Quando Adriana era criança, sua avó lhe deu um conselho: "Venda hoje e coma amanhã". Na feira, em São Paulo, Adriana observava o conselho se tornar realidade. As mulheres ficavam em suas barracas coloridas, vendendo alimentos. Se não vendessem, não havia como alimentar a família.

Adriana começou a trabalhar aos 15 anos para ajudar em casa. Porém, aos 25 ficou desempregada e sem recursos. Assim, montou um brechó na beira da estrada. Sentada ali, sob o sol escaldante, fez amizade com uma vendedora de salgados. Juntas, bolaram uma ideia fantástica, que logo puseram em prática. Chamaram-na de Feira Preta.

A primeira Feira Preta aconteceu em 2002 e era voltada para negócios de pessoas negras. Os quarenta expositores receberam cinco mil visitantes em um único fim de semana! Vendia-se de tudo: óleos capilares, turbantes, produtos de beleza naturais, tecidos estampados, artesanatos, brinquedos, sapatos e muito mais.

A cada ano, mais expositores se juntavam à feira, que recebia ainda mais consumidores. Assim, Adriana precisou arranjar uma locação maior. A Feira Preta transformou-se em uma celebração de vinte dias de arte, cultura, ciências, palestras e debates políticos em torno da negritude. Mais de vinte anos depois, a feira ainda segue firme e forte.

Adriana começou um programa de treinamento para empresários negros e organizou eventos para reuni-los. Também montou uma plataforma online para os expositores da Feira Preta comercializarem seus produtos. Em tudo o que faz, ela apoia os empresários negros e os ajuda a fortalecer seus negócios com estratégia e criatividade.

NASCIDA EM 28 DE AGOSTO DE 1978

BRASIL

"TEMOS UMA VEIA EMPRESARIAL MUITO FORTE. ESTÁ NO NOSSO DNA."
—ADRIANA BARBOSA

ILUSTRADA POR MARINA VENANCIO

ALICIA GARZA, OPAL TOMETI E PATRISSE CULLORS

ATIVISTAS

Como muitas pessoas dos Estados Unidos, Alicia prestou atenção ao julgamento sobre a morte de um jovem negro chamado Trayvon Martin. Após três semanas, saiu o veredito e o homem responsável pela morte foi liberado pela justiça. Alicia ficou revoltada. No dia 13 de julho de 2013, ela postou no Facebook: "Pessoas negras. Eu amo vocês. Eu amo a gente. Nossas vidas importam".

Sua amiga Patrisse respondeu e acrescentou a hashtag #BlackLivesMatter [#VidasNegrasImportam, em português]. Nascia um movimento poderoso.

Pessoas por todo os Estados Unidos começaram a usar a hashtag. Falavam sobre o tratamento desigual que as pessoas pretas recebem. Logo a conversa virou ação. Patrisse coliderou uma jornada de ônibus com mais de seiscentas pessoas atravessando o país a partir de Ferguson, Missouri e outras cidades onde jovens pretos foram assassinados.

A amiga delas de origem nigeriana, Opal, sabia que estavam fazendo algo muito potente. Mas reconhecia que o movimento precisava de um espaço político, um local onde as pessoas pudessem se conectar e colaborar. Então essas três organizadoras formaram uma rede global inovadora com mais de quarenta comitês. Os grupos trabalham de maneira local para enfrentar injustiças contra comunidades negras, apoiar a arte e a cultura negra e celebrar a alegria dessa população. O movimento #VidasNegrasImportam inspirou inúmeras pessoas a se juntar para lutar a favor da igualdade, seja por meio de passeatas, protestos, petições ou pelo voto eleitoral.

ALICIA GARZA NASCIDA EM 4 DE JANEIRO DE 1981
OPAL TOMETI NASCIDA EM 15 DE AGOSTO DE 1984
PATRISSE CULLORS NASCIDA EM 20 DE JUNHO DE 1983

ESTADOS UNIDOS

"SOMOS UMA GERAÇÃO
INCLINADA PARA A AÇÃO."
—PATRISSE CULLORS

ILUSTRADAS POR
NAKI NARH

AMANDA GORMAN

POETA

Era uma vez uma menina que não imaginava que, um dia, impressionaria o mundo com suas palavras.

Na infância, Amanda percebeu que não escutava como as outras crianças. Ela não aprendia a ler no mesmo ritmo que seus colegas de classe e tinha problemas para emitir alguns sons. No entanto, não deixou que esses desafios a impedissem de se expressar.

No terceiro ano, seu professor apresentou-lhe a poesia. Amanda amou como as palavras podiam pintar belas imagens, criar personagens e fazer com que as mensagens ganhassem vida. Escrever poesia foi algo que Amanda aprendeu naturalmente. E ler seus poemas em voz alta a ajudou a praticar sua habilidade de fala.

Em seus poemas poderosos, Amanda defendia uma mudança no mundo. Quando estava no ensino médio, começou a ganhar prêmios pelo seu trabalho com a escrita. Ela também se tornou a primeira ganhadora do prêmio National Youth Poet Laureate – uma grande honra!

Aos 22 anos, Amanda recebeu um convite incrível. Foi chamada para escrever um poema para a posse presidencial de 2021 nos Estados Unidos.

E, em um dia frio de janeiro, ficou de pé diante de uma multidão e de várias câmeras. O vento soprava em volta dela enquanto a animação tomava conta de sua mente. Depois de uma pausa, Amanda abriu a boca. Manteve os braços abertos e, com uma voz clara e forte, leu o poema que clamava por esperança, **diversidade**, e união no país. O mundo a assistiu com admiração.

Nova no mundo da fama, Amanda disse: "Vejo que não sou um relâmpago que cai uma vez só. Sou como um furacão que vem ano após ano, e você pode esperar, pois me verá de novo."

NASCIDA EM 7 DE MARÇO DE 1998
ESTADOS UNIDOS

"A ÚNICA COISA QUE PODE ME PARAR SOU EU MESMA."
—AMANDA GORMAN

ILUSTRADA POR
KETURAH ARIEL

ANGELA DAVIS

ATIVISTA

Era uma vez, em Birmingham, Alabama, uma menina vivaz chamada Angela. Frustrada com o **racismo** diário, ela sabia que precisaria lutar pela liberdade e pela justiça.

Ela se armou com muito conhecimento, que, nas palavras dela, "a atingiu feito um raio", alimentando sua paixão pela igualdade. Conseguiu um emprego de professora em uma universidade e se juntou a grupos políticos como os Panteras Negras e o Partido Comunista. Algumas pessoas consideravam esses grupos perigosos, então quando os chefes de Angela descobriram que ela fazia parte deles, demitiram-na.

Angela se entregou ao ativismo. Queria acabar com o racismo e outras injustiças sofridas pelo povo negro. Lançou uma campanha para libertar presos políticos – pessoas presas por conta de seus ideais. A partir daí ela jurou não parar até todas as pessoas negras serem livres.

Logo, a própria Angela se tornou uma presa política. Foi acusada de ter cometido um crime, e, apesar de nem estar próxima ao local da ocorrência, a polícia a prendeu.

"Libertem Angela e todos os presos políticos!", os manifestantes gritavam atrás de muros cobertos por arames farpados. Depois de quase vinte longos meses, a corte decidiu que Angela era inocente.

Enquanto estava atrás das grades, ela escreveu seu primeiro livro para passar o tempo. Até hoje, Angela continua a escrever, falar e ensinar sobre liberdade. "É preciso agir como se fosse possível mudar radicalmente o mundo", ela disse. "O tempo todo."

NASCIDA EM 26 DE JANEIRO DE 1944
ESTADOS UNIDOS

ILUSTRADA POR
SARAH MADDEN

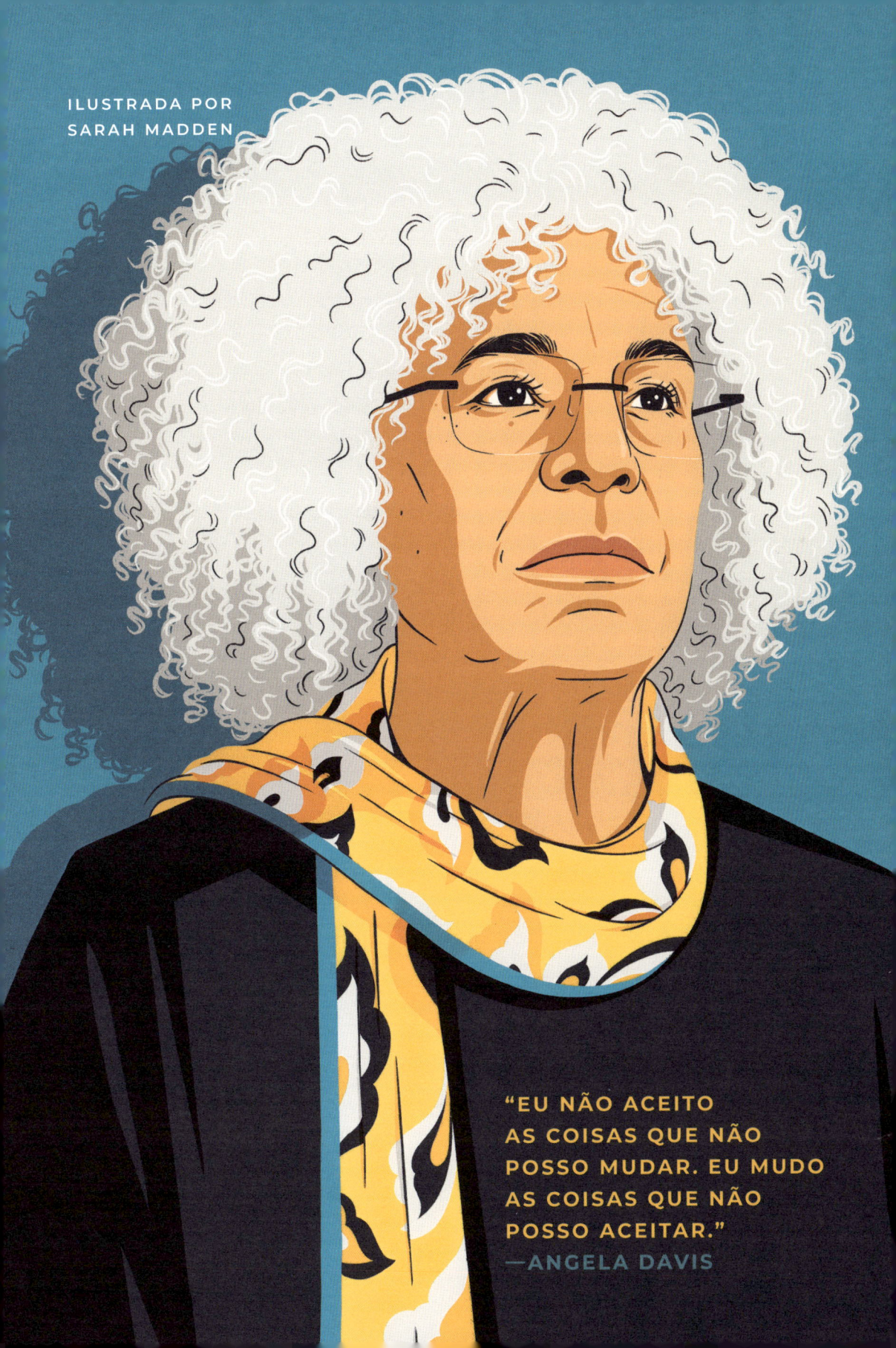

"EU NÃO ACEITO AS COISAS QUE NÃO POSSO MUDAR. EU MUDO AS COISAS QUE NÃO POSSO ACEITAR."
—ANGELA DAVIS

ANGELA JAMES

JOGADORA DE HÓQUEI

Era uma vez uma garota doce e gentil, mas perigosa no gelo! Seu nome era Angela.

Ela cresceu num bairro violento de Toronto, Canadá, e gastava energia jogando hóquei na rua com as irmãs. Ela amava! Corria com seu taco e acertava o disco preto na rede, marcando gol atrás de gol.

Não havia liga feminina de hóquei no gelo na região, então a mãe dela a inscreveu na masculina.

Angela provou para todos que era tão boa quanto os meninos – até melhor que a maioria. Era tão talentosa que passou a jogar com meninos três anos mais velhos do que ela.

Infelizmente, após um ano de treino, foi expulsa do time. A razão era clara: a liga não queria que o melhor jogador fosse uma menina!

Um tempo depois, Angela conseguiu entrar em uma liga para meninas. Precisava pegar um ônibus até o local do treino, que era distante, mas ela não se importava. Faria de tudo para jogar! Logo, a Liga Nacional de Hóquei no Gelo convidou Angela, já com 16 anos, para se juntar à equipe. Com capacete e patins, ela estava pronta!

Ela era uma máquina no gelo – uma força imparável quando estava na direção do gol. Angela jogou na liga feminina por 20 anos, acumulando vitórias e medalhas de ouro. Suas habilidades recordistas a levaram para o Hall da Fama do Hóquei, onde entrou para a história como a primeira mulher negra e a primeira jogadora lésbica assumida a ser homenageada.

NASCIDA EM 22 DE DEZEMBRO DE 1964

CANADÁ

"VOCÊ PODE ALCANÇAR O QUE QUISER SENDO VOCÊ MESMA. NÃO PRECISA SER OUTRA PESSOA."
—ANGELA JAMES

ILUSTRADA POR
KATELUN C. BREWSTER

ANGELLA DOROTHEA FERGUSON

MÉDICA-PESQUISADORA

No ensino médio, Angella descobriu a magia da química. Embora sua família fosse pobre, ela frequentou uma universidade prestigiada. Os pais economizaram dinheiro para o primeiro ano. Para os seguintes, ela trabalhou nas férias e conquistou bolsas de estudo.

Naquela época, quando muitas mulheres negras trabalhavam como faxineiras e secretárias, Angella conseguiu ser cientista e médica. Sua matéria favorita na faculdade era pediatria. Ela escolheu trabalhar com a saúde das crianças e abriu o próprio consultório. Quando pais negros perguntavam questões como: "Quando meu bebê vai começar a andar?", Angella percebeu que não tinha a resposta correta, pois, até então, todas as pesquisas focavam em bebês e crianças brancas.

Em parceria com um ex-professor, Angella começou a estudar bebês negros e seu desenvolvimento de perto. Logo descobriu um problema. Muitas daquelas crianças sofriam de uma doença chamada anemia falciforme. Os glóbulos vermelhos saudáveis têm formato de rosquinhas e carregam oxigênio pelo corpo, mas as células doentes se dobram em formato de C, como uma foice. Essas células podem impedir a circulação do sangue, e, quando isso acontece, a pessoa sente muita dor e pode até morrer.

Angella estudou centenas de casos. Por fim, identificou os sinais da doença e passou a encorajar famílias negras a fazerem um teste sanguíneo nas crianças para detectar se tinham anemia falciforme logo após o nascimento. Também desenvolveu tratamentos eficazes, como beber água com gás para melhorar a dor.

Angella usou a magia da ciência para melhorar a saúde de famílias negras.

NASCIDA EM 15 DE FEVEREIRO DE 1925
ESTADOS UNIDOS

ILUSTRADA POR
LYDIA MBA

"AQUELES QUE DESEJAM SEGUIR UMA CARREIRA DEVEM RECEBER A OPORTUNIDADE DE TENTAR."
—ANGELLA DOROTHEA FERGUSON

ANNA OLGA ALBERTINA BROWN

TRAPEZISTA

Era uma vez na Prússia, hoje conhecida como Polônia, uma jovem artista **birracial** chamada Anna. Pequena, porém incrivelmente forte, Anna juntou-se ao circo quando tinha 9 anos de idade. Com rapidez, dominou a corda bamba, o trapézio e outros atos ousados.

Com o nome artístico "Miss La La", Anna encantava as plateias pela Europa. Em seu inesquecível número "mandíbula de aço", usava uma correia de couro com um bocal numa ponta e um gancho em outra. Anna prendia a correia ao trapézio e mordia o bocal. Pendurada pelos dentes, em pleno ar, ela girava e girava!

Em seguida, Anna se dependurava pelos pés. Com a correia entre os dentes, segurava o outro trapézio, no qual uma criança, um homem e uma mulher faziam poses, inclusive ao mesmo tempo.

Ela exibia movimentos chocantes para a plateia. Pendurada por um único joelho, de ponta-cabeça, ela segurava três homens, um em cada braço, e o terceiro... pelos dentes! Então, na hora do *grand finale*, Anna erguia um canhão de ferro preso a uma corrente que ela segurava na boca e – BUM! –, ele disparava. O corpo dela voava para trás com a explosão. A plateia ficava assombrada pois Anna ainda segurava o canhão fumegante pela boca.

O famoso pintor francês Edgar Degas ficou tão fascinado com a performance de Anna que a retratou. A graça e a força da primeira estrela negra do circo europeu ficaram registradas para sempre na tela.

NASCIDA EM 21 DE ABRIL DE 1858 — FALECIDA APÓS 1919

POLÔNIA

ILUSTRADA POR
TONI D. CHAMBERS

ANNE-MARIE IMAFIDON

MATEMÁTICA

Um dia, no leste de Londres, uma menina chamada Anne-Marie digitou a história da *Chapeuzinho Vermelho* no computador. Ela mudou a cor da famosa capa vermelha e salvou a história como "Chapeuzinho Roxo". No dia seguinte, a criação dela continuava lá! Foi assim que ela se apaixonou por tecnologia.

Durante a infância, Anne-Marie não desenhava nem escrevia muito. Mas sua criatividade reluzia quando criava sites no computador do pai.

Muito inteligente, Anne-Marie desmontava aparelhos eletrônicos para entender como funcionavam, sabia quase todas as respostas na sala de aula, então, logo ficou entediada. Por isso a escola a avançou de ano. Aos 11, foi a menina mais jovem a passar no exame de ciência da computação de nível A – um exame que estudantes britânicos geralmente fazem aos 16 anos.

Na faculdade, Anne-Marie era uma das três garotas nas aulas de matemática e ciência da computação. Certa vez, participou de uma conferência em homenagem a mulheres nessa área. Nunca tinha visto tantas tecnólogas!

Preocupada com o pequeno número de mulheres entrando nas áreas de ciência, tecnologia, engenharia e matemática (STEM, na sigla em inglês), Anne-Marie cofundou a Stemettes. Nos eventos, as garotas fazem experiências e se divertem, aprendendo códigos computacionais e a hackear. Também participam de oficinas nas quais as equipes criam seus próprios aplicativos para solucionar problemas, como ajudar **refugiados** a se comunicar em outro idioma e promover avisos para ninguém se atrasar para as aulas.

Muitas garotas dizem que não vão atrás de estudos STEM porque não veem mulheres fazendo "coisas científicas". Anne-Marie quer mudar esse cenário.

NASCIDA EM 24 DE JUNHO DE 1989
REINO UNIDO

$Q = cm$

$\phi = BS\cos(B_n)$

$V = \dfrac{m}{M} = \dfrac{N}{N_A}$

ILUSTRADA POR
MAYA EALEY

$V - V_0 = \beta V_0 (t - t_0)$

$pV = R$

$\dfrac{v^2}{c^2}$

"A HISTÓRIA CIENTÍFICA ESTÁ ESQUECENDO SUAS PROTAGONISTAS."
—ANNE-MARIE IMAFIDON

ARETHA FRANKLIN

CANTORA

Era uma vez uma garota que transformava sua tristeza em música comovente, que enchia a alma de emoção.

Aretha odiava que mandassem nela. Na verdade, quando seu primeiro professor de piano veio à sua casa, ela se escondeu em vez de fazer a aula. Cantava na igreja onde o seu pai era pastor e se apresentava em casa com o piano da família. "Ah, como essa menina canta bem!", todos diziam.

Ninguém sabia de onde vinha aquela voz incrível, mas alguns dizem que a origem estava no sofrimento que Aretha vivenciou. Toda a dor foi canalizada como um feitiço em uma música crua e apaixonada.

Em uma de suas canções, ela exigia o que sabia merecer: "um pouco de respeito". Sua canção "Respect" (Respeito, em português), ecoava nas mulheres magoadas pelos homens. Ecoava no povo negro, humilhado pelos racistas. Tornou-se um hino do **movimento pelos direitos civis**.

Aretha aprimorava sempre seu talento e sua performance. Ela dominou os estilos gospel, jazz, blues e R&B. Certa vez, avisada em cima da hora, ela substituiu o famoso cantor de ópera Luciano Pavarotti, que ficou doente antes do Prêmio Grammy de 1998. Aretha foi lá e cantou a famosa ária "Nessun dorma" para um público composto por músicos célebres. Quando terminou, eles ficaram de pé e a aplaudiram. A "Rainha do Soul" foi respeitada como merecia!

No final da sua carreira, Aretha foi a primeira mulher a estar no Hall da Fama do Rock, e 43 de seus *singles* alcançaram o Top 40. Além disso, ganhou dezoito Grammys e vinte de suas canções alcançaram o topo das paradas de R&B.

NASCIDA EM 25 DE MARÇO DE 1942 – FALECIDA EM 16 DE AGOSTO DE 2018

ESTADOS UNIDOS

ILUSTRADA POR
JOHNALYNN HOLLAND

"SOUL PARA MIM
É UM SENTIMENTO,
MUITA PROFUNDIDADE
E SER CAPAZ DE TRAZER
À TONA O QUE VIVE NO
NOSSO INTERIOR."
—ARETHA FRANKLIN

ARIAM TEKLE

APRESENTADORA DE PODCAST E DOCUMENTARISTA

Ariam passou a infância se questionando quem ela era. Cresceu em Milão, no norte da Itália, mas seus pais vinham de um país do leste africano chamado Eritreia. Mudaram-se para a Itália na década de 1970, onde Ariam nasceu.

Conforme crescia, Ariam não via pessoas que se pareciam com ela nas lojas ou nas notícias. Todos que a conheciam supunham que ela não fosse italiana. Ela ficava pensando se outros italianos de origem eritreia passavam pelas mesmas experiências. Então, ela decidiu perguntar.

Na universidade, Ariam produziu um documentário sobre as histórias da **segunda geração** de eritreus e como eles tinham dificuldade em serem aceitos. "Falamos de uma população às sombras", ela disse, "uma geração invisível". Algumas pessoas eram tímidas, mas foram se abrindo e contaram suas histórias.

Alguns anos depois, Ariam e uma amiga começaram um podcast chamado #BlackCoffee. Era um espaço para discutir os desafios enfrentados por italianos negros e a construção dessa identidade.

No começo de 2020, surgiram protestos contra a violência policial nos Estados Unidos. Os protestos influenciaram outras demonstrações semelhantes mundo afora, inclusive na Itália. De repente, Ariam notou que mais pessoas ouviam o #BlackCoffee. Daí em diante o programa se tornou uma fonte importante para italianos aprenderem mais sobre a luta contra o **racismo**.

Ariam não era mais uma menina fazendo perguntas sozinha, ela uniu pessoas para que pudessem enfrentar desafios juntos.

NASCIDA EM 14 DE OUTUBRO DE 1988

ITÁLIA

ILUSTRADA POR
AURÉLIA DURAND

"SEMPRE FALAMOS SOBRE O RACISMO ESTRUTURAL. A DIFERENÇA É QUE AGORA O MUNDO ENFIM ESTÁ OUVINDO."
—ARIAM TEKLE

AUDRE LORDE

POETA

Era uma vez uma menina que só começou a falar aos 4 anos de idade. Mas Audre ouvia tudo com muita atenção e, quando finalmente falou, o que acabou saindo de sua boca era lindo.

Audre aprendeu bem cedo que palavras são poderosas. No ensino médio, memorizou poemas consagrados de grandes poetas. Mas palavras emprestadas logo se tornaram insuficientes para ela. A poeta iniciante e as amigas de escola, todas filhas de **imigrantes**, formavam um grupo chamado "As marcadas". Os pais de Audre vinham de Barbados e Granada.

A jovem fazia bicos enquanto estudava para se tornar bibliotecária. Contudo, em 1968, Audre publicou sua primeira coletânea de poemas chamada *The First Cities* [As primeiras cidades, em tradução livre]. E ficou muito alegre ao ler nas páginas do livro novinho em folha aquelas palavras poderosas. As palavras dela.

A cada dois anos, Audre lançava uma nova coletânea, até que em 1978 lançou sua obra-prima, *A unicórnia preta*. Naquele mesmo ano, ela descobriu que estava com câncer de mama e começou o tratamento. Escreveu sobre a doença e a dor que sentia. Esperava que outros na luta contra o câncer não se sentissem tão sozinhos.

Audre não escrevia apenas palavras bonitas. Suas palavras clamavam por mudança social, aceitação e celebração das diferenças. Unida a um grupo de amigas escritoras, ela abriu uma editora chamada Kitchen Table: The Women of Color Press [Mesa de cozinha: editora das mulheres não brancas, em tradução livre] para empoderar vozes femininas.

Ela se descrevia como "preta, feminista, lésbica, mãe, guerreira e poeta", e sempre vai ser lembrada por suas palavras corajosas.

NASCIDA EM 18 DE FEVEREIRO DE 1934 – FALECIDA EM 17 DE NOVEMBRO DE 1992

ESTADOS UNIDOS

"QUANDO FALAMOS, TEMEMOS QUE NOSSAS PALAVRAS NÃO SEJAM OUVIDAS OU BEM-VINDAS. MAS QUANDO FICAMOS EM SILÊNCIO, O TEMOR CONTINUA LÁ. ENTÃO É MELHOR FALAR."
—AUDRE LORDE

ILUSTRADA POR KELSEE THOMAS

AUGUSTA SAVAGE

ESCULTORA

Na Flórida, nos Estados Unidos, uma menina chamada Augusta tinha treze irmãos e nenhum brinquedo. Ela amava enfiar as mãos na argila vermelha do seu quintal. Em vez de fazer bolinhos com a lama, moldava a argila na forma de patos e outros animais.

Com 29 anos, pouco dinheiro e muito incentivo de sua professora, Augusta se mudou para o Harlem – um importante bairro negro de Nova York – onde ganhou uma bolsa de estudos em uma prestigiada escola de arte.

Enquanto muitos artistas da época retratavam pessoas negras com traços exagerados, Augusta e outros artistas da **Renascença do Harlem** rejeitavam essas representações ofensivas. Como escultora, criava imagens realistas da população negra.

Augusta conseguiu uma bolsa de estudos para uma escola de arte em Paris, mas quando o comitê de seleção descobriu que ela era negra, retirou a proposta. Augusta expôs a questão, pois se posicionava não só por si, mas pelos futuros estudantes pretos, pardos e mestiços. Seis anos depois, chegou a Paris com outra bolsa!

Lá, exibiu sua arte e ganhou prêmios.

Quando retornou aos Estados Unidos, transformou seu estúdio em uma escola gratuita onde orientava futuros artistas importantes. Para a Feira Mundial de 1939, Augusta fez uma escultura memorável chamada *A Harpa*. Nela, doze crianças negras estavam sobre a mão de Deus, como se fossem cordas de uma harpa. Como muitos de seus trabalhos, *A Harpa* não sobreviveu porque ela não tinha dinheiro para fundi-la em bronze. Mesmo assim, a beleza ousada das esculturas que sobreviveram permanecem uma inspiração para todos.

NASCIDA EM 29 DE FEVEREIRO DE 1892 – FALECIDA EM 26 DE MARÇO DE 1962

ESTADOS UNIDOS

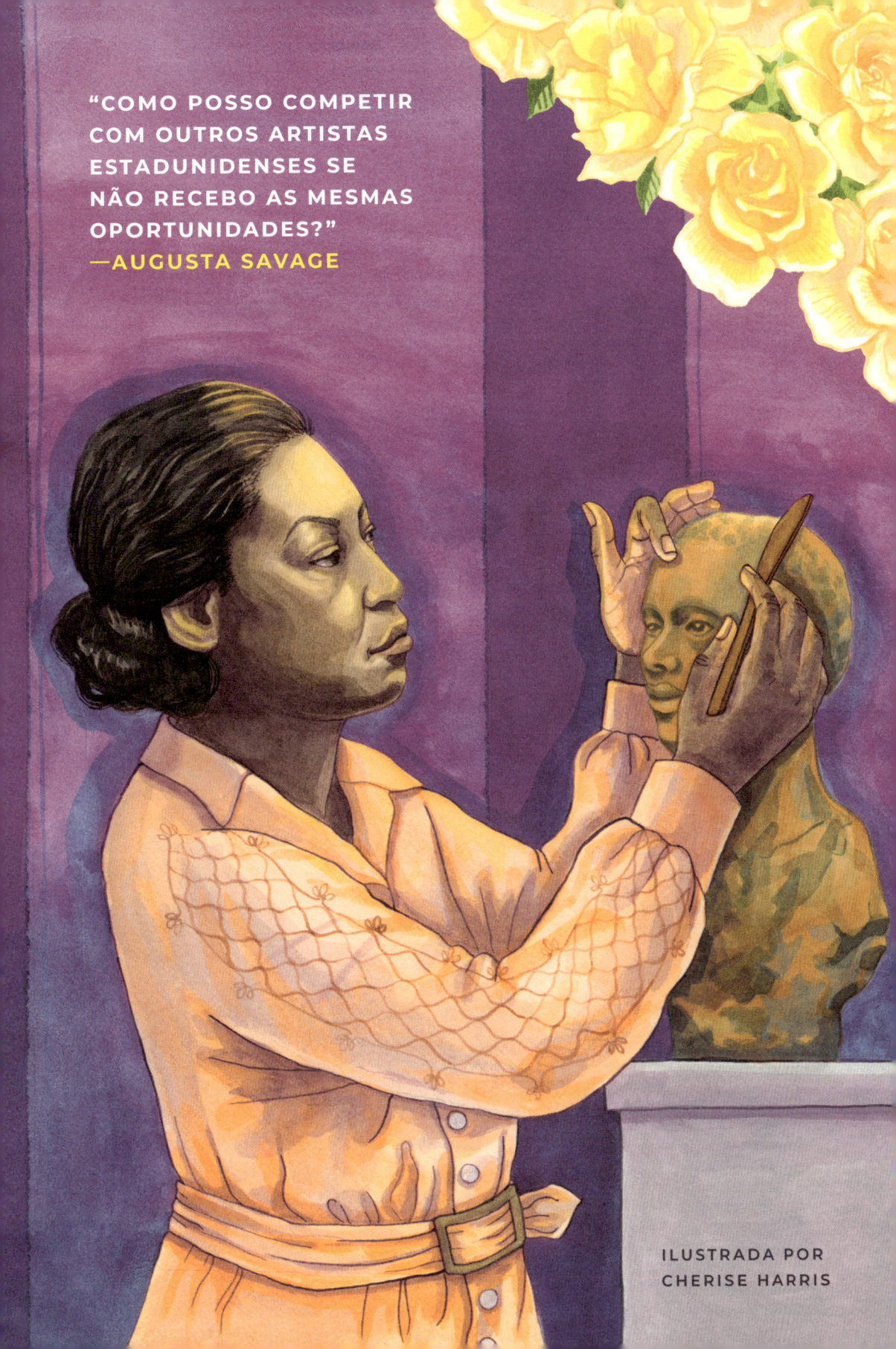

"COMO POSSO COMPETIR COM OUTROS ARTISTAS ESTADUNIDENSES SE NÃO RECEBO AS MESMAS OPORTUNIDADES?"
—AUGUSTA SAVAGE

ILUSTRADA POR CHERISE HARRIS

AVA DUVERNAY

CINEASTA

Era uma vez uma menina chamada Ava que adorava inventar histórias. Ela e as irmãs passavam o dia inteiro fazendo teatrinhos malucos com as bonecas.

Ava pensou que poderia usar sua habilidade de contar histórias para se tornar uma repórter investigativa. Mas, depois da faculdade, conseguiu emprego em um estúdio de cinema, onde aprendeu o que era necessário para tecer os contos encantados dos filmes. Ava se apaixonou! Ela conheceu de perto o poder transformador do cinema.

Mas Ava percebeu que muitos filmes feitos por pessoas não brancas não recebiam a merecida atenção. Então, abriu uma agência de publicidade, e trabalhava com negros, **latines**, indígenas e mulheres cineastas, garantindo que seus filmes atingissem um público maior.

Quando Ava tinha 32 anos, ela pegou uma câmera pela primeira vez. Não tinha experiência alguma, mas isso não a impediu de dirigir suas histórias do seu próprio jeito. Ela aprendeu rápido e, dentro de alguns anos, lançou seu primeiro longa-metragem!

Logo, todos conheceram o seu nome. Ela produziu e dirigiu dezenas de filmes e programas de TV, muitos deles centrados nas experiências e histórias dos negros nos Estados Unidos. Ava ganhou prêmios e se tornou a primeira mulher negra a dirigir um filme com orçamento de 100 milhões de dólares.

Ava abriu o caminho para mais mulheres como ela. Chefe de sua própria produtora de cinema, atualmente produz filmes feitos por mulheres e pessoas não brancas. Mirando no futuro, ela disse: "Estarei apoiando quem for a próxima."

NASCIDA EM 24 DE AGOSTO DE 1972
ESTADOS UNIDOS

ILUSTRADA POR
ADESEWA ADEKOYA

"NÃO ESPERE POR PERMISSÃO
PARA FAZER ALGO CRIATIVO."
—AVA DUVERNAY

AYA CISSOKO

PUGILISTA

Mesmo que a vida lhe desse uma rasteira, Aya sempre dava a volta por cima. Seus pais emigraram do Mali, no oeste da África, para a França. Pobres, viviam em um apartamento de um único cômodo. Mas apesar de tudo Aya era feliz com os irmãos, com os brinquedos e com a escola.

Quando ela tinha 8 anos, enfrentou uma tragédia terrível: perdeu o pai e a irmã. Menos de um ano depois, o irmão ficou doente e morreu. Aya encontrou força nos esportes.

Ela treinava arco e flecha, judô e natação, mas boxe era a sua modalidade favorita. No ringue, ela aliviava a dor que não conseguia expressar com palavras. "O boxe me salvou", ela contou. "Ele permitiu que eu ficasse de pé."

Embora sua mãe não gostasse de seu interesse por um esporte de "meninos", Aya começou um treino intenso de corrida, flexão e golpes. Aos 12 anos, ganhou seu primeiro campeonato francês. Mais tarde, tornou-se campeã francesa, europeia e tricampeã mundial. No entanto, ainda ganhava menos do que um homem! Ela trabalhava nove horas por dia como contadora, além de treinar seis vezes por semana.

Em 2008, outra tragédia. Aya foi gravemente ferida durante uma luta e ficou com um lado do corpo paralisado. Mas ela foi forte. Aprendeu a andar e a usar o braço outra vez. Algum tempo depois, escreveu um livro sobre sua vida chamado *Danbé*, que significa dignidade, no qual encoraja os leitores a seguirem em frente mesmo nas horas mais difíceis.

No livro, Aya escreveu muito sobre a mãe, pois percebeu que a coragem e o autorrespeito dela sempre lhe foram inspiração.

NASCIDA EM 23 DE NOVEMBRO DE 1978

FRANÇA

"NÃO HÁ NADA MAIS
IMPORTANTE QUE *DANBÉ*."
—AYA CISSOKO

ILUSTRADA POR
SARAH LOULENDO

BARBARA HILLARY

ENFERMEIRA E AVENTUREIRA

Barbara sempre foi uma criança curiosa e, por sorte, essa curiosidade nunca desapareceu. Após 55 anos de trabalho como enfermeira, e taxista nas horas vagas, ela estava pronta para uma nova aventura.

Barbara queria visitar todos os lugares que nunca teve tempo ou dinheiro para conhecer antes. E será que ela começou com uma viagem tranquila para uma praia ensolarada? Não Barbara! Ela agendou uma viagem ao Canadá em pleno inverno.

Lá, fotografou ursos-polares enormes e aprendeu a dirigir trenós puxados por cães em campos congelados. Ela amou a paisagem coberta de neve, então decidiu se tornar a primeira mulher negra a chegar ao Polo Norte.

Ao se preparar, Barbara conseguiu roupas pesadas de inverno, tomou muitas vitaminas, correu quilômetros na esteira e fez muita musculação na academia. Fez curso de esqui e arrecadou bastante dinheiro para os suprimentos. Então, contratou guias para ajudá-la a cruzar as banquisas polares, ou campos de gelo flutuantes.

Barbara fez dois voos turbulentos de helicóptero para se aproximar do Polo Norte. O equipamento era pesado, e a viagem foi mais longa e mais fria do que imaginara. E seus pulmões já não eram tão bons por ter feito uma cirurgia contra o câncer alguns anos antes. Mas nada disso a impediu de continuar. E, com 75 anos, Barbara esquiou pelo resto do trajeto.

Quando ela alcançou o Polo Norte, pulou de alegria e gritou no ar congelante. Tinha chegado ao seu objetivo: o topo do mundo!

Mas ainda queria mais. Pouco antes de completar 80 anos, Barbara caminhou até o Polo Sul. Seu espírito aventureiro a levou para todos os cantos do planeta, e ela curtiu cada minuto!

NASCIDA EM 12 DE JUNHO DE 1931 – FALECIDA EM 23 DE NOVEMBRO DE 2019

ESTADOS UNIDOS

"EM TODAS AS FASES DA VIDA, OBSERVE SUAS OPÇÕES. POR FAVOR, NÃO ESCOLHA AS CHATAS."
—BARBARA HILLARY

ILUSTRADA POR
AMARI MITNAUL

BESSIE COLEMAN

PILOTA DE AVIÃO

Bessie nasceu em uma família grande. Sua mãe, uma faxineira de origem afro-americana, e seu pai, um agricultor negro nativo-americano, criaram treze crianças. Bessie passou a maior parte da infância ajudando a mãe a colher algodão e a lavar roupas para ajudar em casa.

Bessie não podia pagar a faculdade, então se mudou para Chicago e foi morar com os irmãos. Lá, estudou para se tornar esteticista e passou a trabalhar em uma barbearia.

Os irmãos de Bessie eram veteranos do exército e costumavam contar histórias de batalhas na França durante a Primeira Guerra Mundial. Tiravam sarro dela, pois francesas podiam aprender a pilotar e Bessie não. Cansada das provocações, ela tentou se matricular na escola de aviação. Infelizmente, sua inscrição foi negada porque era uma mulher e era negra.

Assim, Bessie traçou um plano. Entrou no curso noturno de francês e enviou mensagens para o outro lado do Atlântico. Enfim teve uma resposta positiva e foi até a França para conseguir sua licença internacional de voo.

Bessie não apenas aprendeu a pilotar aviões, mas também a fazer acrobacias aéreas. Conseguia voar de cabeça para baixo, dar giros legais e desenhar um "8" no ar. Suas demonstrações eram incríveis. As pessoas vinham de toda parte para assistir. Bessie se apresentava somente em lugares onde não havia **segregação** entre a plateia de negros e brancos.

Seu sonho era abrir uma escola de aviação para estudantes negros, mas, infelizmente, Bessie morreu ainda jovem. No entanto, o tempo que passou na cadeira do piloto mostrou o que uma mulher negra e ousada é capaz de fazer.

NASCIDA EM 26 DE JANEIRO DE 1892 – FALECIDA EM 30 DE ABRIL DE 1926

ESTADOS UNIDOS

"NÃO ACEITEI NÃO COMO RESPOSTA."
—BESSIE COLEMAN

ILUSTRADA POR
TONI D. CHAMBERS

BESSIE STRINGFIELD

MOTOCICLISTA

Certa vez, uma mãe deu para a filha um presente incrível: uma motocicleta, essa menina era Bessie Stringfield, então com 16 anos.

Motocicleta não era coisa de "mocinha", como diziam as más línguas da cidade, mas ela as ignorou e acelerou seu motor barulhento. A fumaça do escapamento a seguia como uma amiga fiel.

Aos 19, Bessie estava enjoada de andar sempre pelas mesmas ruas. Ela pegou um mapa, fechou os olhos e lançou uma moeda. Onde quer que ela caísse, Bessie iria. E com seu cabelo solto debaixo do capacete, cruzou todo o país de moto, visitando 48 estados norte-americanos.

Mas o país ainda sofria com a **segregação**. Em alguns lugares da estrada, Bessie não podia pernoitar em hotéis nem almoçar nos restaurantes. Dependia da bondade de famílias negras ou dormia em cima da moto, sob as estrelas. Quando perguntavam sobre os perigos de ser uma mulher negra na estrada, dava de ombros.

"Tem seus momentos difíceis", ela dizia.

Ao longo da vida, Bessie teve 27 motocicletas, e cada uma tinha sua própria história. Com uma, ela se exibia na roda da morte – um globo de metal gigante dentro do qual corria de ponta-cabeça! E com outras, pilotou na liderança do Desfile Orange Blossom, em Miami, na Flórida, onde viveu por muitos anos.

Com bem mais de 70 anos, Bessie ainda pilotava sua moto azul para ir à igreja. A Rainha da Motocicleta de Miami traçou seu próprio caminho.

NASCIDA POR VOLTA DE 1911 – FALECIDA EM 16 DE FEVEREIRO DE 1993
ESTADOS UNIDOS

"PASSEI A MAIOR PARTE DA VIDA SOZINHA, EM BUSCA DE UMA FAMÍLIA. ENCONTREI MINHA FAMÍLIA NO MOTOCICLISMO."
—BESSIE STRINGFIELD

ILUSTRADA POR KIM HOLT

BEVERLY LORAINE GREENE

ARQUITETA

Beverly era filha única e precisava se manter ocupada enquanto o pai trabalhava no escritório de advocacia e a mãe cuidava da casa. Seu passatempo favorito era desenhar. Com linhas, curvas e cores, ela dava vida às imagens.

Depois do ensino médio, Beverly foi estudar arquitetura. A vida universitária não era fácil para ela, mas se destacava dentre os colegas. Quando se formou, foi a primeira mulher negra a conseguir um diploma em engenharia arquitetônica. E quando se registrou como arquiteta no estado do Illinois em 1942, foi a primeira mulher negra a obter a licença dessa profissão nos Estados Unidos. Agora, poderia desenhar e projetar todas as construções que quisesse! Ou ao menos era o que ela pensava...

Apesar de tudo que havia conquistado, Beverly não conseguia emprego em sua cidade natal. Ninguém em Chicago queria contratar uma arquiteta negra.

Então, fez as malas e se mudou para Nova York. Candidatou-se a um emprego numa empresa que construía habitações sociais, porém, como a companhia não queria negros morando em suas casas, Beverly pensou que nunca contratariam uma arquiteta negra. Tentou mesmo assim. Para sua surpresa, conseguiu a vaga. E sua carreira começou!

Beverly trabalhou em projetos para um complexo de artes, um teatro universitário, a sede das Nações Unidas em Paris e até a casa funerária onde o seu próprio velório ocorreu.

A menininha que adorava desenhar cresceu, criou belos prédios e quebrou barreiras para mulheres negras.

NASCIDA EM 4 DE OUTUBRO DE 1915 – FALECIDA EM 22 DE AGOSTO DE 1957

ESTADOS UNIDOS

ILUSTRADA POR
ASHLEIGH CORRIN

BRIGID KOSGEI

MARATONISTA

Quando criança, Brigid andava todos os dias quase dez quilômetros para chegar à escola. Às vezes, para não se atrasar, ela corria. Pelo caminho, observava atletas em fila, correndo com graça, treinando para corridas e maratonas. Ela queria ser como eles.

Brigid sempre participava de corridas na escola. Infelizmente, no terceiro ano do ensino médio, sua mãe não pôde mais pagar as mensalidades da escola e ela precisou largar os estudos aos 17 anos. De repente, se viu com tempo de sobra para se dedicar à corrida.

A atleta iniciante começou a treinar sério com o namorado e futuro marido. Depois que se casaram, Brigid teve gêmeos e interrompeu a carreira esportiva por um tempo.

Um ano depois, voltou aos treinos, mais motivada do que nunca!

A especialidade de Brigid é longa distância, como as maratonas de cerca de 42 quilômetros! Para conseguir, Brigid precisa estar preparada física e mentalmente. Ela fala consigo mesma: "Às vezes é preciso ser mais paciente, e às vezes nem estou com vontade de correr, mas, no final, vale a pena".

E valeu mesmo.

Em 2015, Brigid correu sua primeira maratona em Portugal. E ficou em primeiro lugar! Em 2019, aos 25 anos, Brigid se tornou a mais jovem a vencer a Maratona de Londres. No mesmo ano, ganhou a Maratona de Chicago, quebrando o recorde mundial com 81 segundos de diferença!

Brigid é a maratonista mais rápida do mundo.

NASCIDA EM 20 DE FEVEREIRO DE 1994

QUÊNIA

ILUSTRADA POR
DATA ORUWARI

"O SEGREDO É A CONSISTÊNCIA."
—BRIGID KOSGEI

CAROLINA CONTRERAS

CABELEIREIRA E EMPRESÁRIA

Era uma vez uma menina que vivia brigando com o próprio cabelo. Desde que se dera por gente, alisava as madeixas. A mãe achava que isso ajudaria Carolina a ser bem-sucedida. Então, ela alisava o cabelo da filha para ficar mais "apresentável".

Conforme crescia, Carolina se questionava por que precisava gastar tanto tempo e se esforçar tanto para mudar a forma do seu cabelo. *Por que meu cabelo não pode ser natural e bonito?*, pensava.

Ela nasceu na República Dominicana, mas cresceu nos Estados Unidos. Aos 21 anos, Carolina viajou pela primeira vez para seu país de nascença. Estava quente e úmido, e seu cabelo não ficava liso por nada. Ela só queria ficar confortável, mas estava cansada de ficar "aceitável". Então, cortou o cabelo bem curto.

Era para essa viagem durar apenas dois meses, mas ela acabou ficando mais de nove anos por lá. Aprender a cuidar da textura natural de seu cabelo a inspirou a começar um blog, que se tornou tão popular que iniciou um movimento para empoderar as mulheres a se amarem do jeito que são.

Um tempo depois, Carolina abriu o primeiro salão para cabelo natural da República Dominicana. Os profissionais do salão não sabiam somente como cuidar dos cachos, como proporcionavam um ambiente seguro para pessoas negras e **latinas** se sentirem bonitas, poderosas e confortáveis com seu cabelo natural.

NASCIDA EM 3 DE DEZEMBRO DE 1986
REPÚBLICA DOMINICANA E ESTADOS UNIDOS

ILUSTRADA POR
JEANETTA GONZALES

"VOCÊ VAI VER AS MENINAS
SAINDO DO SALÃO SALTITANDO,
COM AS COSTAS ERETAS,
E BALANÇANDO O CABELO."
—CAROLINA CONTRERAS

CHESLIE KRYST, KALIEGH GARRIS, NIA FRANKLIN, TONI-ANN SINGH E ZOZIBINI TUNZI

MISSES

Era uma vez cinco mulheres que mudaram a concepção de beleza do mundo. Conheça Cheslie, Kaliegh, Nia, Toni-Ann e Zozibini.

Cheslie trabalhava como advogada quando competiu pela primeira vez para Miss Carolina do Norte. Ela concorreu quatro vezes antes de ganhar. Depois, foi para o palco nacional e se tornou Miss Estados Unidos.

Kaliegh foi uma criança tímida, com cabelo encaracolado e que amava dançar. Anos de alisamento estragaram seu cabelo, o que a levou a fazer a transição capilar. Pela primeira vez em vinte anos, uma moça negra com cabelo crespo natural foi coroada Miss Teen Estados Unidos!

Nia amava cantar e começou a compor aos 5 anos! Ela encantou os juízes em seu primeiro concurso de beleza cantando a plenos pulmões. Depois de competir em muitos concursos, Nia venceu o Miss América de 2019.

Toni-Ann formou-se em estudos feministas antes de tentar a coroa de Miss Mundo. Ela foi a quarta jamaicana a usar essa coroa.

Em sua infância na África do Sul, Zozibini nunca via pessoas como ela nas revistas. Mas usava seu cabelo curto com confiança, e se tornou a primeira mulher com cabelo afro a ganhar o Miss Universo – mesmo ano em que ganhou o Miss África do Sul (2019).

Pela primeira vez na história, uma mulher negra ganhou os maiores concursos de beleza no mesmo ano.

CHESLIE, NASCIDA EM 28 DE ABRIL DE 1991; KALIEGH, NASCIDA EM 21 DE AGOSTO DE 2000; NIA, NASCIDA EM 27 DE JULHO DE 1993; TONI-ANN, NASCIDA EM 1º DE FEVEREIRO DE 1996; ZOZIBINI, NASCIDA EM 18 DE SETEMBRO DE 1993

ESTADOS UNIDOS, JAMAICA E ÁFRICA DO SUL

ILUSTRADAS POR
ALICIA ROBINSON

"NÃO EXISTE SÓ UM
TIPO DE BELEZA."
—ZOZIBINI TUNZI

CHIDO GOVERA

PRODUTORA DE COGUMELOS

Chido nasceu em uma região muito pobre do Zimbábue. Sua infância foi difícil. Ela ficou órfã aos 7 anos, e, aos 9 anos, precisou sair da escola para cuidar do irmão mais novo e da avó, que era cega. Para ganhar dinheiro, Chido cuidava de plantações. Naquele tempo, ela tentou cultivar vegetais diferentes, como várias espécies de milho, mas nenhuma vingava.

Aos 11 anos, participou de um programa que mudou sua vida e de sua comunidade para sempre. Nele, aprendeu sobre as propriedades especiais dos cogumelos do tipo shimeji. Cogumelos não são usados somente na alimentação, eles também ajudam no crescimento de plantações, tornando-se fonte de renda para quem os cultiva.

Foi aí que Chido começou a cultivar cogumelos, e, menos de uma semana depois que os estudos terminaram, ela fez sua primeira colheita! Chido cozinhou os cogumelos e os serviu com frango. Vendeu o prato como marmitas e os clientes adoraram! Com esse dinheiro, Chido sustentava a família e mandava o irmão – além de outros órfãos – para a escola.

Com o tempo, ela juntou dinheiro o suficiente para também voltar a estudar. Aprendeu inglês e se aprofundou na ciência dos cogumelos, admirada como eles podem ser usados para remover toxinas do solo e da água. Desde então, viajou o mundo para estudar os cogumelos medicinais.

Aprender sobre cogumelos mudou a vida de Chido. Agora ela transforma a vida das pessoas com educação e empregos.

NASCIDA EM 1986
ZIMBÁBUE

"EU CONSEGUI VOLTAR A SER QUEM SOU. ISSO É ALGO ESSENCIAL PARA TODOS OS INDIVÍDUOS. NÃO SOMOS O QUE ACONTECEU CONOSCO."
—CHIDO GOVERA

ILUSTRADA POR NAOMI ANDERSON-SUBRYAN

CLARA HALE

HUMANITÁRIA

Algumas pessoas chamavam Clara de santa, mas ela era apenas uma mulher que nunca se recusava a ajudar um necessitado.

Clara ficou órfã na adolescência e viúva após três anos de casamento. Ela, que tinha três filhos, montou uma creche e abriu sua casa para acolher crianças sem família. Aos 64 anos, Clara já tinha cuidado de quarenta crianças sem lar! Ela achava que logo se aposentaria, mas, um dia, uma mãe apareceu à sua porta com um bebê doente.

Ela estava preocupada, pois não sabia cuidar de uma criança com tantas necessidades especiais. Contudo, a mãe não lhe deu outra opção, já que abandonou a criança aos prantos. Poucos dias depois, a mulher levou seus outros filhos.

Clara fez o que sabia fazer de melhor: cuidou de todos.

A notícia de que ela pegava até os casos mais difíceis se espalhou, e algumas crianças chegavam tão doentes que Clara precisava ficar a noite inteira acordada para acalmá-las. Cantava, brincava e lia para elas. Mas ela ajudava os pais a cuidarem delas também.

A comunidade cuidava da "Mãe Hale". Doavam roupas, alimentos e dinheiro para ela e para as crianças. Clara sempre tinha tudo de que precisava. Por fim, seu programa ficou tão grande que ela conseguiu ajuda do governo para continuar fazendo o seu trabalho. Com o apoio, comprou uma casa de cinco andares apelidada de Casa Hale.

Depois da morte de Clara, sua filha, a doutora Lorraine Hale continuou seu **legado**. Ela dizia: "Enquanto houver bebês necessitados de amor e cuidados, a Casa Hale estará lá para lhes dar tudo de que precisam".

NASCIDA EM 1º DE ABRIL DE 1905 – FALECIDA EM 18 DE DEZEMBRO DE 1992

ESTADOS UNIDOS

"PEGUE-OS NO COLO, EMBALE-OS, AME-OS E CONTE-LHES COMO SÃO INCRÍVEIS."
—CLARA HALE

ILUSTRADA POR
COZBI A. CABRERA

CLARA HOLMES

MODELO

Clara era uma menina alegre que amava música e dança, mas era diferente das outras crianças do bairro. Clara nasceu com uma doença chamada Síndrome de Ehlers-Danlos, uma condição que deixa os ossos fracos e provoca uma dor constante.

Ao longo dos anos, a doença foi piorando e Clara passou a usar uma cadeira de rodas. Ela planejava suas atividades com antecedência, imaginando se seria capaz de aguentar as dores, e incluía nos planos o tempo necessário para descansar e se recuperar.

No entanto, Clara ainda saía com as amigas, ia para a academia, viajava. E sempre vestida na última moda. Por isso, as amigas a incentivaram a começar um blog para registrar todo seu estilo – ideia que ela amou! Deu ao blog o nome de *Rollin Funky* (algo como "moderninha sobre rodas").

Um dia, duas mulheres seguiram Clara e seu namorado pela rua. "Por que estão nos seguindo?", o casal quis saber. As mulheres explicaram que tinham visto Clara num café ali perto. Que estavam impressionadas com alguém tão fashion, de salto alto numa cadeira de rodas. Elas eram "olheiras" de uma agência de modelos e queriam contratar Clara!

Ela se juntou à agência e se tornou sucesso instantâneo nas redes sociais. Logo, foi contratada por várias marcas: de roupa, de fitness e até de relógios.

Clara usa suas redes sociais para promover a positividade corporal e o autoamor. Ela sente orgulho de mostrar ao mundo que pessoas com deficiências estão se esforçando para viver a melhor vida possível, como todo mundo.

NASCIDA EM 30 DE JULHO DE 1980
REINO UNIDO

"ACHO IMPORTANTE QUE AS MULHERES CELEBREM SEUS CORPOS E SE SINTAM CONFORTÁVEIS EM SUA PRÓPRIA PELE."
—CLARA HOLMES

ILUSTRADA POR TRUDI-ANN HEMANS

DOMINIQUE JACKSON

ATRIZ

Certo dia, um bebê nasceu na ilha de Tobago. Os médicos disseram que era um menino, mas, quatro anos depois, Dominique sabia que era menina.

Conforme Dominique crescia, as crianças na escola tiravam sarro dela, e as pessoas na ilha eram cruéis. A avó era a única pessoa que demonstrava carinho por ela. Mesmo assim, cansada de ser maltratada pela maioria, Dominique se mudou para os Estados Unidos, onde o resto da família morava.

Dominique revelou à família que estava passando por um processo chamado transição. E que a partir daquele momento gostaria que usassem as palavras "ela" e "dela" quando se referissem a ela. A família não aceitou bem. Imploraram que mantivesse a transição em segredo, mas ela não queria se esconder. A mãe falou: "Eu tolero, mas não aceito". Essas palavras duras partiram o coração de Dominique.

Rejeitada pela família, Dominique acabou ficando em situação de rua em Nova York. Um dia, conheceu uma mulher que a apresentou à cultura ballroom. Havia competições chamadas bailes, onde ela poderia vestir-se com roupas elegantes, usar maquiagem, dançar e desfilar sem preconceitos. Enfim ela podia se expressar livremente!

Nesse espaço vibrante, Dominique conseguiu oportunidades para atuar como modelo, atriz e ativista. Ela conseguiu o papel de sua vida em um seriado chamado *Pose*, sobre a cultura ballroom. Por meio de sua personalidade e influência, ela educa o mundo a respeito das pessoas **transgêneras**, mostrando que todos os seres humanos são iguais.

NASCIDA EM 20 DE MARÇO DE 1975
TRINDADE E TOBAGO E ESTADOS UNIDOS

ILUSTRADA POR
MONET KIFNER

"QUANDO EU ME ENCONTREI,
PAREI DE BUSCAR
ACEITAÇÃO DOS OUTROS."
—DOMINIQUE JACKSON

EMILIYA TUREY

JOGADORA DE HANDEBOL

Era uma vez uma menina que amava correr bem rápido e jogar a bola com força. Seu nome era Emiliya, e ela se tornou a primeira jogadora negra na equipe russa de handebol.

A mãe de Emiliya era russa, e o pai vinha de Serra Leoa. Quando ela viajava para os jogos, as pessoas se surpreendiam ao ver seu passaporte russo por causa da cor de sua pele. "As pessoas não acreditam que sou russa", Emiliya disse, "embora eu tenha vivido minha vida inteira na Rússia".

No entanto, quando jogava handebol em casa, ela recebia apoio e carinho dos torcedores.

Diante de uma multidão animada, na final do Campeonato Mundial de Handebol de 2007, Emiliya e seis colegas de equipe correram pela quadra. Esse esporte tem um ritmo rápido, uma mistura de futebol e basquete. Emiliya pegou a bola arremessada pela colega de equipe com a mão esquerda, driblando, e após três passos, mirou no gol da Noruega. Foi bloqueada e caiu ao chão. Emiliya se levantou de um salto, voou pela quadra e tentou bloquear a adversária, que, mesmo assim, marcou um gol.

Mais tarde, ela pegou a bola e correu na direção do gol. Saltando no ar, arremessou e... marcou! Naquele ano, o time de Emiliya ganhou o ouro.

Ela triunfou no Campeonato Mundial mais duas vezes, e também conseguiu a medalha de prata nas Olimpíadas de 2008. Em 2013, ela já tinha feito 613 gols em 180 jogos.

Emiliya sempre dá o melhor de si.

NASCIDA EM 6 DE OUTUBRO DE 1984

RÚSSIA

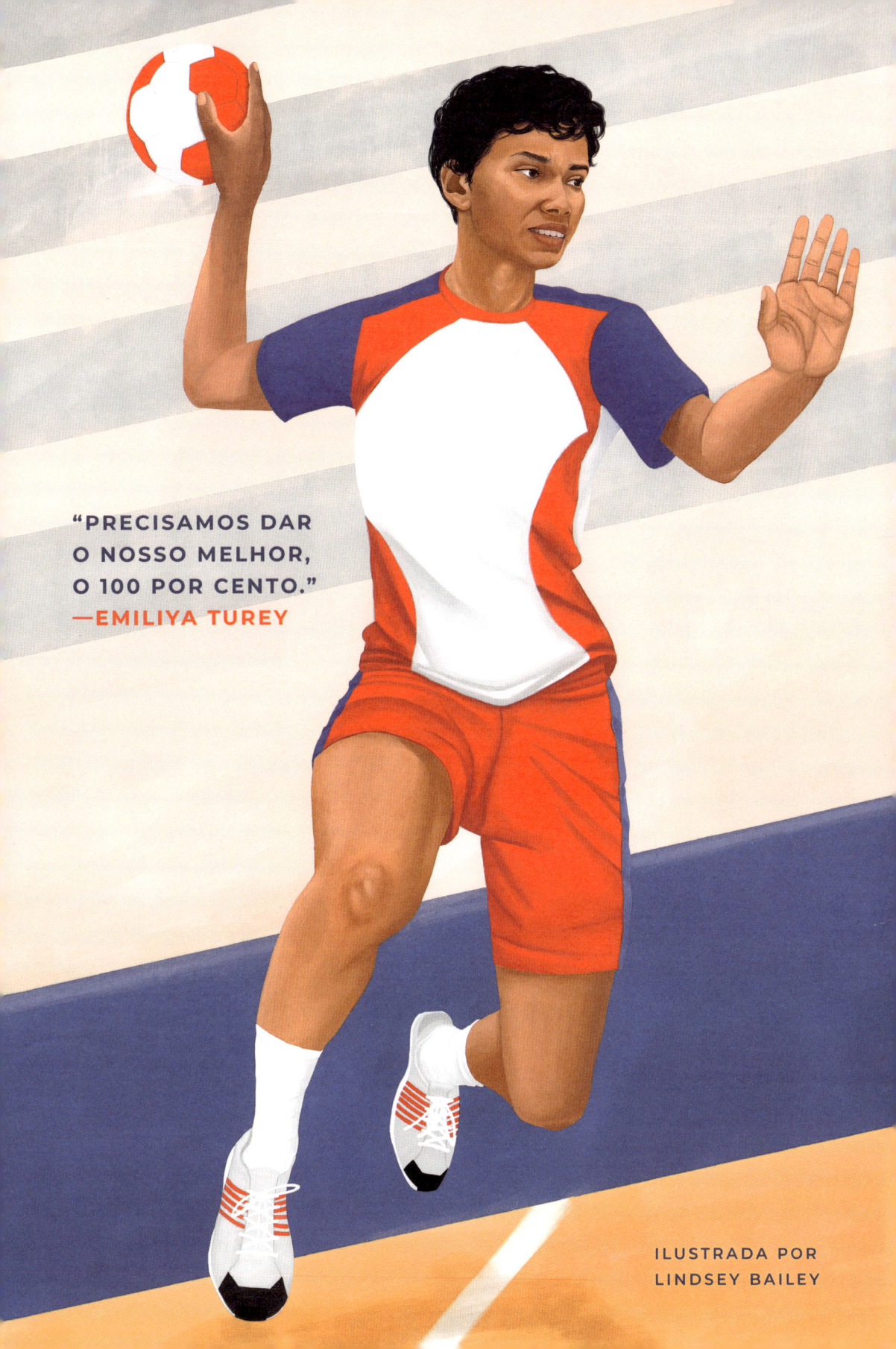

"PRECISAMOS DAR O NOSSO MELHOR, O 100 POR CENTO."
—EMILIYA TUREY

ILUSTRADA POR LINDSEY BAILEY

ERIKA "IKA" HÜGEL-MARSHALL

ATIVISTA E ESCRITORA

Ika nasceu em uma pequena cidade alemã. Filha de um pai soldado estadunidense negro, que foi embora antes de ela nascer, e de uma mãe branca e alemã, ela queria apenas ser como todo mundo.

Depois da Segunda Guerra Mundial, a maioria dos alemães acreditava que crianças **birraciais** jamais se adaptariam na sociedade alemã. Aos 7 anos de idade, Ika foi levada de seu lar feliz e colocada em um orfanato distante.

Por conta da cor de sua pele ela foi chamada de nomes horríveis. Mas Ika era mais forte do que aqueles que queriam fazê-la se sentir mal. Ela sempre pensava na mãe e na avó, apegada ao amor que elas tinham demonstrado.

Mais tarde, Ika se formou na faculdade e trabalhou em um orfanato. Dedicou nove anos na transformação de um local abarrotado em um lar amoroso. Ika, no entanto, ainda enfrentava dificuldades. Imaginava como poderia ser feliz em um mundo branco que a rejeitava com frequência.

Aos 39 anos, ela nunca tinha visto ou conhecido outra pessoa negra. Depois de um tempo, se tornou amiga da poeta negra e estadunidense Audre Lorde e de outros escritores afro-alemães. Finalmente havia encontrado um grupo onde era aceita por quem ela era. Juntos, organizaram o movimento afro-alemão, contando sua história e denunciando o **racismo** pelo país. Empoderada, Ika escreveu sua história *Invisible Woman: Growing Up Black in Germany* [Mulher invisível: Minha vida como negra na Alemanha, em tradução livre]. Depois de um tempo, ela acabou conhecendo o pai e foi bem-recebida por sua família estadunidense.

Uma afro-alemã orgulhosa, Ika não queria mais ser outra pessoa além de ela mesma.

NASCIDA EM 13 DE MARÇO DE 1947 – FALECIDA EM 21 DE ABRIL DE 2022

ALEMANHA

ILUSTRADA POR
TEQUITIA ANDREWS

"SINTO ORGULHO DE ME CHAMAR DE NEGRA, AFRO-GERMÂNICA OU ALEMÃ NEGRA... APENAS EU MESMA TENHO O DIREITO DE ME DEFINIR."
—IKA HÜGEL-MARSHALL

ERIKA HILTON

POLÍTICA E ATIVISTA

Erika teve uma infância muito feliz. Criada pela mãe, pela tia e pelas avós, a menina amava imitar uma personagem de novela e expressar sua feminilidade. As mulheres da família não a reprimiam, apesar de outras pessoas terem preconceito – isso porque a certidão de nascimento listava Erika como um "menino". As coisas começaram a mudar quando a família foi convencida de que a identidade de gênero de Erika era uma expressão do "mal". O mundo da menina desabou, e ela foi mandada para a casa de tios que queriam "curá-la".

Só que Erika nunca teve nada que precisasse ser curado: ela apenas era uma menina. Adolescente, fugiu da casa dos tios e passou um tempo em situação de rua para poder viver sem ser constantemente reprimida. Para a garota que era o xodó da mamãe, e criada com tanto carinho, foi uma época muito difícil. Até que, um dia, a mãe dela caiu em si. Erika era sua filha, tão amada, e estava passando por dificuldades apenas por ser quem é. Ela trouxe a jovem de volta para a família, e deixou de se importar com as maldades que outras pessoas diziam.

Foi aí que Erika voltou a estudar, e começou a se interessar por política. Erika percebeu que, sendo uma mulher trans, negra e periférica, precisava lutar para conquistar não só os próprios direitos, mas também os de outras pessoas como ela. E, em 2020, ela foi eleita a primeira vereadora trans da cidade de São Paulo – e se tornou a mulher mais votada de todo o país naquela eleição, com mais de cinquenta mil votos!

Na Câmara Municipal, a vereadora levantou diferentes pautas, como o fim do preconceito e a inclusão para todos. Ela capitaneou debates importantes sobre a transfobia e sobre os direitos das pessoas negras. E Erika continua sonhando: quer ser a primeira travesti a chegar ao Senado Federal.

NASCIDA EM 9 DE DEZEMBRO DE 1992

BRASIL

"QUEM É PRETO, POBRE, PERIFÉRICO, NASCE E VIVE COM MEDO A VIDA INTEIRA. ENTÃO, EU TENHO MEDO, SIM, MAS ELE NÃO ME PARALISA."
—ERIKA HILTON

ILUSTRADA POR
ANA MARIA SENA

ETHEL JOHNSON, BABS WINGO E MARVA SCOTT

LUTADORAS

A menina Ethel sonhava com a luta em ringues. Ethel observava a irmã mais velha, Babs, na academia e parecia tão divertido lutar que ela quis tentar também! As duas viveram em uma época na qual muitas mulheres não trabalhavam fora de casa. E com os homens sendo enviados para a Segunda Guerra Mundial, novas oportunidades surgiram.

Inspirado pelo modo como Jackie Robinson, um jogador negro de beisebol, chamava atenção no esporte, um esperto promotor de lutas teve uma ideia! Pensou que mulheres negras lutando atrairiam uma plateia enorme. E ele tinha razão.

Ethel e Babs juntaram-se à sua trupe. Treinavam por horas, praticando judô, ginástica e movimentos de luta livre, como quedas e giros. A mais nova das irmãs, Marva, juntou-se a elas alguns anos depois.

Por volta de 1950, Ethel, com 16 anos, tornou-se uma das primeiras lutadoras negras profissionais. Babs foi em seguida. Pequena e aguerrida, ela saltava no ar, girava e atingia a oponente com ambos os pés – um movimento chamado "voadora". As irmãs competiam em duplas, e às vezes até uma contra a outra, em estádios lotados pelo mundo todo.

Por conta da **segregação**, as irmãs não podiam se hospedar nos mesmos hotéis ou comer nos mesmos restaurantes que as lutadoras brancas. Mulheres nem podiam competir em alguns estados. Nem sempre era fácil, mas Ethel e as irmãs abriram o caminho para outras meninas corajosas entrarem no ringue.

ETHEL JOHNSON, NASCIDA EM 14 DE MAIO DE 1935 – FALECIDA EM 14 DE SETEMBRO DE 2018
BABS WINGO, NASCIDA POR VOLTA DE 1934 – FALECIDA EM 11 DE ABRIL DE 2003
MARVA SCOTT, NASCIDA EM 21 DE NOVEMBRO DE 1937 – FALECIDA EM 15 DE AGOSTO DE 2003

ESTADOS UNIDOS

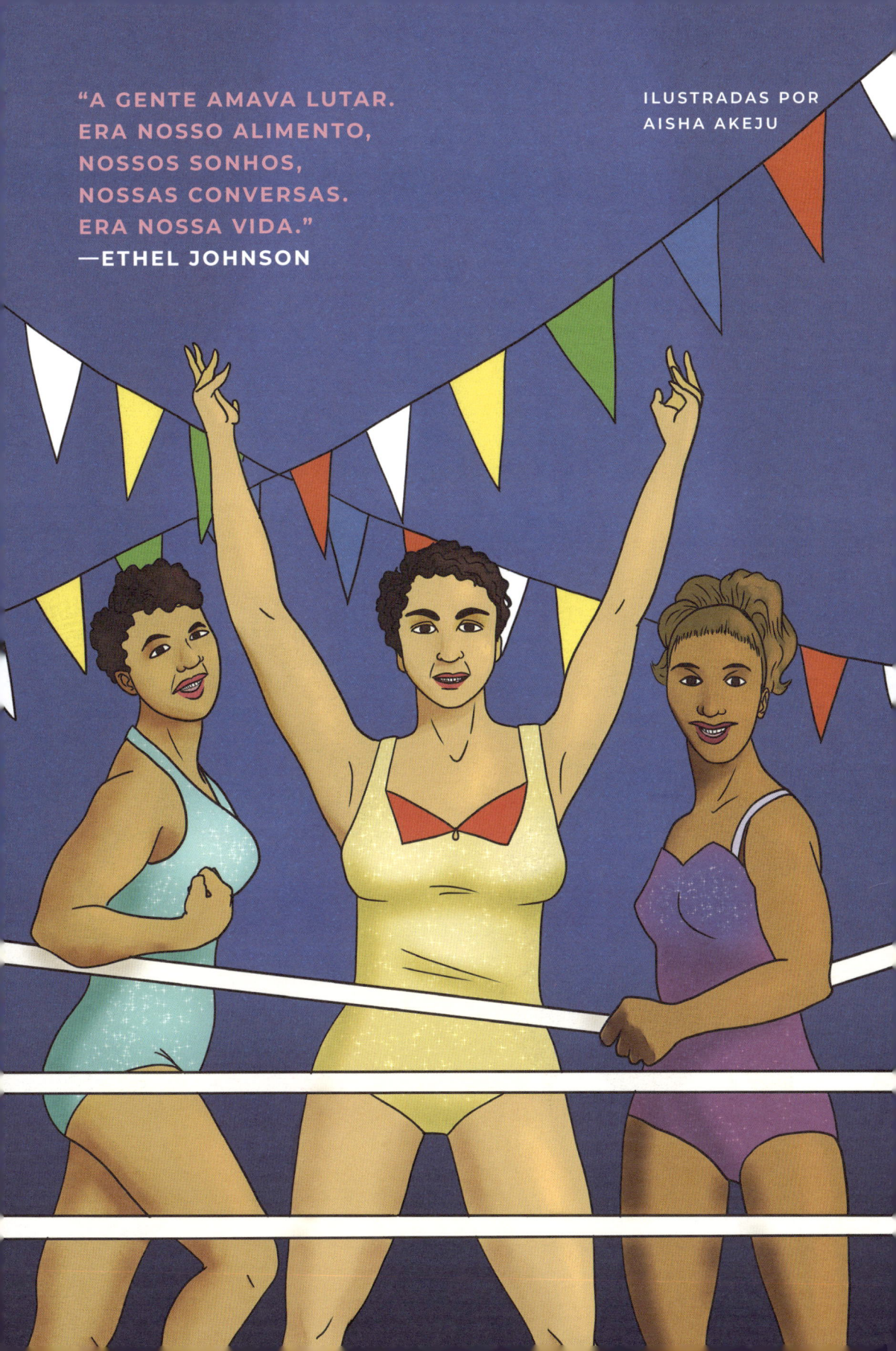

"A GENTE AMAVA LUTAR.
ERA NOSSO ALIMENTO,
NOSSOS SONHOS,
NOSSAS CONVERSAS.
ERA NOSSA VIDA."
—ETHEL JOHNSON

ILUSTRADAS POR
AISHA AKEJU

FATOU NDIAYE

ATRIZ, ATIVISTA E INFLUENCIADORA

Fatou ainda era pequena quando conversou pela primeira vez com os pais sobre **racismo**. Eles achavam importante explicar a realidade do país onde nasceu, o Brasil. Vindos do Senegal, um país onde quase todo mundo é negro como ela, eles conheceram o preconceito racial depois de chegarem ao novo país. Perceberam que à medida que estudavam e cresciam na vida profissional, viam menos pessoas parecidas com eles à própria volta e queriam preparar a pequena Fatou para lidar com isso.

A menina se lembra do pai contar que era a única pessoa de pele escura na turma dele da faculdade. Um dia, quando tinha 15 anos, Fatou virou alvo do preconceito de um grupo de colegas em um aplicativo de mensagens. Ela estudava em uma escola conceituada – e era, como o pai, a minoria. O apoio da família fez toda a diferença: Fatou sabia que errados eram os agressores. Então, decidiu começar a usar as próprias redes sociais para tentar conscientizar os jovens, e falar sobre como é ser uma menina negra no Brasil.

Ela diz que pessoas negras não se tornam ativistas, mas nascem.

A iniciativa rapidamente cresceu: Fatou foi convidada para dar palestras; fez lives ao lado de grandes nomes da cultura nacional; foi eleita a carioca do ano de 2020 por uma importante revista; e virou o símbolo de uma geração de jovens negros que decidiu lutar pelos seus direitos. Fatou, que cursa Economia Matemática em uma universidade nos Estados Unidos, já é dona da própria empresa e continua todos os dias em busca do seu objetivo: tornar o Brasil um país mais **igualitário** e tolerante com as diferenças.

NASCIDA EM 8 DE ABRIL DE 2005
BRASIL

"A MINHA MISSÃO É PROMOVER O DEBATE DENTRO DA COMUNIDADE NEGRA, E TENTAR TRAZER MAIS JOVENS."
—FATOU NDIAYE

ILUSTRADA POR
FER RODRIGUES

FERNANDA GARAY

JOGADORA DE VÔLEI

Na família da Fê, todo mundo jogava algum esporte. O pai amava basquete e a mãe, vôlei. Então, para a garota, era natural se interessar por algum. Por insistência dos pais, Fê entrou bem cedo na escolinha de vôlei, e logo mostrou que trazia consigo o dom familiar: antes dos 15 anos já estava jogando na seleção juvenil gaúcha!

Com 1,81 metro de altura, a menina começou a ser disputada por vários clubes e decidiu se mudar para São Paulo. Fê estava com medo da mudança e de ficar longe da família, mas rapidamente desabrochou.

Logo a jovem começou a se destacar em todos os clubes pelos quais passava, e foi chamada para a Seleção Brasileira de Vôlei. Com a camisa do Brasil, ganhou medalhas em competições importantes, como Pan-Americanos, Grand Prix e, claro, na Olimpíada de 2012. À medida que o tempo foi passando, Fê se consolidou como uma das jogadoras mais experientes da seleção. E também uma das mais queridas pelo público!

Em 2021, nas Olimpíadas de Tóquio, o jeito às vezes bravo e concentrado, e outras vezes sorridente de Fê fizeram ela ganhar uma legião de fãs nas redes sociais. Além da medalha de prata nos jogos, Fê levou também naquele ano o troféu de Atleta da Torcida, de tão amada. Todo mundo ficou encantado por essa jogadora que sabe celebrar as próprias conquistas – até bate palma para a própria jogada! – e que, em quadra, leva tudo com bastante seriedade, mas se torna leve fora dela.

NASCIDA EM 10 DE MAIO DE 1986

BRASIL

ILUSTRADA POR
DAIANE LUCIO

"A FORÇA VEM DA MINHA TRAJETÓRIA DE VIDA. QUANDO ENTRO NA QUADRA, TENTO DAR O MEU MELHOR."
—FÊ GARAY

FLORENCE GRIFFITH JOYNER

VELOCISTA

Era uma vez uma menina chamada Florence, com pernas rápidas e sonhos enormes. Quando bebê, passava voando em seu andador, a mãe a chamava de Relâmpago! Quando lhe perguntavam o que ela queria ser, Florence respondia: "Tudo".

Aos 7 anos, Florence começou a correr. Ela corria mais rápido que todo mundo e, algum tempo depois, bateu recordes do ensino médio. Apesar de tirarem sarro de seu estilo ousado, Florence nunca deixou de ser ela mesma.

Embora fosse boa aluna, Florence largou a faculdade para ajudar a sustentar a família. Depois, com a ajuda do técnico, conseguiu apoio financeiro, voltou a estudar e se tornou uma estrela da pista de corrida!

Nas Olímpiadas de 1984, Florence ganhou a medalha de prata; ficou orgulhosa, mas o que desejava mesmo era o ouro. Determinada, treinou mais pesado do que nunca. Depois de se casar com o corredor Al Joyner, as pessoas passaram a chamá-la de Flo-Jo, e Flo-Jo entrou para a história nas classificatórias para as Olimpíadas de 1988. Era um dia de ventania, em julho, e ela deixou suas oponentes para trás, quebrando o recorde mundial dos 100 metros rasos!

Nas Olimpíadas, dois meses depois, Flo-Jo se tornou a primeira estadunidense a ganhar quatro medalhas no mesmo ano.

Os torcedores ficavam admirados com os músculos fortes e passadas compridas de Flo-Jo. Ela também chamava atenção por seu estilo exuberante: corria com uniformes coloridos, às vezes cobrindo uma perna só, e deixava as unhas supercompridas.

Com velocidade e estilo, Florence inspirou uma geração de meninas. Ninguém bateu seu recorde até hoje!

NASCIDA EM 21 DE DEZEMBRO DE 1959 – FALECIDA EM 21 DE SETEMBRO DE 1998

ESTADOS UNIDOS

"VISTA-SE BEM PARA FICAR BONITA. FIQUE BONITA PARA SE SENTIR BEM. E SINTA-SE BEM PARA CORRER RÁPIDO!"
—FLORENCE GRIFFITH JOYNER

ILUSTRADA POR
ALICIA ROBINSON

FUNMILAYO RANSOME-KUTI

ATIVISTA

Frances Abigail Olufunmilayo morava em uma região chamada Abeokuta, atual parte da Nigéria. A maioria das meninas não ia para a escola, mas os pais de Frances a matricularam em uma escola para meninos. Ela foi a primeira menina a estudar lá.

Aos 19 anos, Frances foi terminar os estudos na Inglaterra. Quando voltou para o seu país, pediu a todos que usassem seu nome africano, Funmilayo.

Ela acreditava que as mulheres deveriam ser empoderadas e independentes. Foi a primeira nigeriana a aprender a dirigir e fundou um clube para ensinar mulheres a ler, costurar e cozinhar. Mulheres de todas as idades se juntaram a ela.

Quando ficou sabendo que o governo estava tratando mulheres que trabalhavam na feira de forma injusta, Funmilayo as reuniu para lutarem por seus direitos. O clube criado por ela se tornou um **sindicato**, que passou de algumas centenas de mulheres para vinte mil! Funmilayo treinava as integrantes do sindicato em segredo, fazendo reuniões disfarçadas de piqueniques ou festivais. Juntas, milhares de mulheres exigiram impostos mais baixos e o direito pelo voto.

Naquela época, Abeokuta era governada por um rei sob o domínio **colonial** britânico. Mesmo assim, as mulheres marcharam na frente do palácio, cantando e gritando. Por fim, após dois anos, o rei abdicou do trono e o governo cumpriu as exigências do sindicato.

Funmilayo, então, lutou pela independência do domínio inglês, e seu sindicato se fortaleceu ainda mais. Ela ocupou um cargo executivo no governo, viajando o mundo todo usando sua esperteza e discursos corajosos para lutar pelos direitos das nigerianas.

NASCIDA EM 25 DE OUTUBRO DE 1900 – FALECIDA EM 13 DE ABRIL DE 1978

NIGÉRIA

ILUSTRADA POR
QUEENBE MONYEI

"NINGUÉM DO SINDICATO DEVE SE ACHAR MELHOR DO QUE AS OUTRAS. TODAS DEVEM AVANÇAR LIVRE E ALEGREMENTE JUNTAS."
—FUNMILAYO RANSOME-KUTI

GLADYS KALEMA-ZIKUSOKA

VETERINÁRIA DA FAUNA SILVESTRE E CONSERVACIONISTA

Quando Gladys era criança, vez ou outra faltava na escola para cuidar de algum cão ou gato doente. No ensino médio, ela liderou um clube que estudava a vida selvagem e organizou excursões ao parque nacional para observar leões, girafas e outros animais.

Embora houvesse poucas veterinárias na época, Gladys foi incentivada pela mãe a ir atrás dos seus sonhos. E com 25 anos se tornou a primeira veterinária da fauna silvestre de Uganda.

No Parque Nacional de Bwindi, onde Gladys trabalhava, havia metade da população de gorilas-das-montanhas da Terra. Com apenas 650 animais, eles corriam risco de extinção!

Gladys os estudou e percebeu que eram semelhantes aos humanos: viviam em grupos familiares; as fêmeas ninavam e carregavam os filhotes, "São mães muito boas", ela dizia; e como as crianças humanas, os gorilas jovens eram curiosos e brincalhões.

E em suas pesquisas, Gladys notou que havia algo de errado: os gorilas estavam pegando doenças humanas. Embora ela tenha agido rapidamente para cuidar deles, um dos filhotes morreu. Devastada, Gladys teve uma ideia: junto à sua equipe, trabalhou com os moradores da região próxima ao parque para reduzir a transmissão de doenças entre humanos e gorilas, e os números da espécie subiram para mais de mil!

Gladys quer que humanos e gorilas-das-montanhas vivam em harmonia e saudáveis. Dessa forma, ela treina jovens ugandenses para a **conservação** e prevenção da extinção dessas enormes criaturas majestosas.

NASCIDA EM 8 DE JANEIRO DE 1970

UGANDA

"AJUDAR ANIMAIS
AJUDA PESSOAS."
—GLADYS KALEMA-ZIKUSOKA

ILUSTRADA POR
ALLEANNA HARRIS

IBTIHAJ MUHAMMAD

ESGRIMISTA

Era uma vez uma garota chamada Ibtihaj, que cresceu com cinco irmãos e era devota à fé islâmica. Ela era excelente em esportes como softbol, vôlei, tênis e corrida.

Por conta de suas crenças religiosas, os pais de Ibtihaj queriam que ela participasse de esportes que permitissem cobrir seu cabelo e o seu corpo. Um dia, sugeriram que ela tentasse praticar esgrima.

Ibtihaj não tinha ideia do que era esgrima, mas logo descobriu que era um esporte no qual os competidores tentam atingir uns aos outros com espadas pontudas e flexíveis. Esgrimistas usam uniformes protetores que cobrem o corpo todo. Ibtihaj juntou-se à equipe de esgrima do colégio aos 13 anos de idade.

Ibtihaj, que usava um tecido que cobria a cabeça chamado *hijab*, também era a única garota negra do bairro. Por isso nem sempre se sentia bem-vinda, e suas vestimentas a destacavam ainda mais. Mas os pais carinhosos sempre lhe ajudaram a ter muita autoconfiança.

Logo a garota se apaixonou pela esgrima. Treinava com toda dedicação e ficou tão boa que foi para as Olimpíadas. Lá, fez história como a primeira integrante da equipe americana a usar *hijab* e a primeira muçulmana do país a ganhar uma medalha.

Rapidamente ela ficou famosa, e aproveitou para espalhar positividade e encorajar a inclusão: tratar bem quem tem aparência, modo de falar ou qualquer outro aspecto diferente. Ibtihaj até fez parceria com uma famosa empresa de brinquedos e criou uma boneca como ela!

NASCIDA EM 4 DE DEZEMBRO DE 1985
ESTADOS UNIDOS

"QUERO MUDAR A IMAGEM QUE AS PESSOAS TÊM DAS MUÇULMANAS. SOMOS MULHERES DE TODOS OS TIPOS, DE TODAS AS CORES E DE TODOS OS TAMANHOS, E TEMOS ORIGENS DIFERENTES. E SOMOS TODAS UMA PARTE PRODUTIVA DA SOCIEDADE."
—IBTIHAJ MUHAMMAD

ILUSTRADA POR
SANIYYAH ZAHID

IDA B. WELLS

JORNALISTA

Quando Ida era bebê, o mundo ao seu redor mudou demais. Ela nasceu como uma pessoa escravizada no Mississippi, mas seis meses depois a **Proclamação de Emancipação** foi declarada, libertando os negros da escravidão nos Estados Unidos.

Os pais de Ida faleceram de febre amarela quando ela tinha 16 anos, assim precisou criar os irmãos sozinha. Por ter estudado, ela conseguiu um emprego para cuidar da família. Se mudou para uma cidade próxima, falou para todo mundo que tinha 18 anos e se tornou professora.

Certo dia, um jovem negro que Ida conhecia foi morto, junto a dois amigos, por uma turba de homens brancos. O motivo? A cor da pele. Muitos outros homens negros foram mortos injustamente pela mesma razão. O termo para esse tipo de assassinato horroroso é linchamento.

Ida ficou indignada, mas não gritou nem chorou, apenas investigou. Um tempo após o fato, publicou uma série de artigos em jornais e panfletos da região. Ela queria que o mundo soubesse o que vinha acontecendo de verdade no país. Com essa atitude ela deu início a uma campanha corajosa contra o linchamento.

Ida arriscou a vida para viajar ao sul do país, investigando e escrevendo sobre outros linchamentos terríveis. Ela também foi à capital, Washington, e reivindicou a ação presidencial.

O **legado** corajoso de Ida inspirou inúmeras mulheres e garotas a usar sua liderança e capacidade de contar histórias para expor situações difíceis e lutar por mudanças positivas.

NASCIDA EM 16 DE JULHO DE 1862 – FALECIDA EM 25 DE MARÇO DE 1931

ESTADOS UNIDOS

"A MANEIRA PARA CORRIGIR ERROS É COLOCÁ-LOS SOB A LUZ DA VERDADE."
—IDA B. WELLS

ILUSTRADA POR
ADRIANA BELLET

IMAN

SUPERMODELO E EMPRESÁRIA

Quando Iman era uma garotinha, uma guerra estourou na Somália, seu país natal. Com isso ela e a família foram obrigados a fugir para o Quênia.

Mais tarde, Iman foi estudar em um internato no Egito e, por ser muito inteligente, aprendeu a falar cinco línguas.

Iman cresceu e se tornou uma mulher alta e graciosa, com traços marcantes. Um dia, enquanto caminhava pela rua em Nairóbi, onde fazia faculdade, foi parada por um fotógrafo famoso, que insistiu em tirar uma foto dela. Iman concordou, contanto que recebesse dinheiro para pagar a faculdade. Essas fotos mudaram sua vida.

Depois mudou-se para Nova York, onde posou para estilistas icônicos. Iman se tornou a primeira modelo negra a estampar a campanha de uma marca de cosméticos global. Ela apareceu em passarelas, revistas, filmes e outdoors do mundo todo!

Alguns anos depois, Iman decidiu abrir o próprio negócio. Ela lançou uma linha de maquiagem voltada para mulheres não brancas, que não tinham opções à época, e foi um sucesso! Com sua liderança, a IMAN Cosmetics tornou-se uma empresa multimilionária.

Ela teve dois filhos e se apaixonou por uma lendária estrela do rock, mas nunca se esqueceu de onde veio. "Esse é o rosto de uma **refugiada**", ela afirma, e usa sua influência para contar ao mundo sobre a Somália – falar da beleza vasta do país e também suas dificuldades. Seu ativismo ajudou a angariar dinheiro para construir escolas e fornecer apoio para famílias vulneráveis na África e em outros locais.

De moda a assuntos internacionais, Iman é uma força poderosa!

NASCIDA EM 25 DE JULHO DE 1955
SOMÁLIA E ESTADOS UNIDOS

ILUSTRADA POR
CLAIRE IDERA

"BELEZA É SE SENTIR
CONFORTÁVEL E
CONFIANTE NA SUA
PRÓPRIA PELE."
—IMAN

INGRID SILVA

BAILARINA

Tinta marrom, água e muito tempo gasto. Todas as vezes que Ingrid comprava uma sapatilha era a mesma coisa. Bailarina desde criança, a jovem não conseguia encontrar um par de sapatos de ponta que tivesse a cor da sua pele. E, por muitos anos, foi obrigada a tingi-los sozinha.

A história de Ingrid começa em um bairro pobre do Rio de Janeiro. A mãe dela sempre teve medo que os filhos fossem vítimas da violência da cidade. Por isso, queria que eles tivessem oportunidades. Foi assim que Ingrid começou a dançar balé num projeto social. Ela desabrochou nas aulas e foi conquistando cada vez mais espaço – até dançar no Theatro Municipal do Rio de Janeiro, uma das principais companhias de dança do Brasil.

Só que, sendo uma menina negra, Ingrid tinha muita dificuldade não só de achar figurinos de balé para sua pele – as meias e as sapatilhas eram todas rosa clarinho – mas também de oportunidades. Então, ela decidiu voar para longe. Foi para Nova York, onde começou a dançar em uma companhia criada por um bailarino negro. Pela primeira vez, ela se sentiu em casa de verdade no balé, já que a maioria dos colegas dela agora eram negros também.

Apesar disso, Ingrid ainda tinha de tingir as sapatilhas. Volta e meia, ela encontrava mães de pequenas bailarinas pedindo dicas para fazer a mesma coisa nos sapatinhos claros das filhas. Ingrid não achava isso certo. Ela começou a pressionar marcas de sapatilha de balé a produzirem produtos que refletissem a **diversidade** das bailarinas. E conseguiu! Quando a sua primeira sapatilha marrom chegou em casa, Ingrid ficou muito emocionada.

Atualmente, a Ingrid é uma referência no mundo do balé. Ela se dedica à dança, à filha e também ao projeto que criou para incentivar a presença de pessoas negras no balé.

NASCIDA EM 1988

BRASIL

"APRENDI A SENTIR ORGULHO DE MIM."
—INGRID SILVA

ILUSTRADA POR
FER RODRIGUES

INSOONI

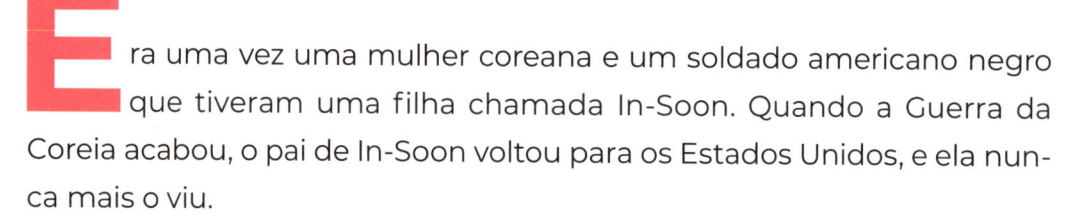

CANTORA

Era uma vez uma mulher coreana e um soldado americano negro que tiveram uma filha chamada In-Soon. Quando a Guerra da Coreia acabou, o pai de In-Soon voltou para os Estados Unidos, e ela nunca mais o viu.

In-Soon não tinha o que comer, então ela andava por perto de bases militares, torcendo para o pai voltar. Os soldados a tratavam como uma irmãzinha, dividindo hambúrgueres e lhe presenteando com roupas, brincos e alguns trocados.

A maior parte dos colegas de escola de In-Soon tinha pele clara e tiravam sarro dela, dizendo que sua pele estava suja. Depois do ensino fundamental, ela decidiu largar a escola e fazer dinheiro com sua voz.

Aos 21 anos, In-Soon juntou-se a um grupo de pop composto só por moças, chamado Hee Sisters. Elas cantaram juntas por um tempo, mas a voz poderosa de In-Soon soava melhor sozinha. Por isso decidiu se lançar como cantora solo e passou a usar o nome artístico Insooni.

Ela gravou 19 álbuns e se apresentou em estádios lotados, casas de shows e teatros famosos, como o Carnegie Hall em Nova York. Quando a Coreia do Sul recebeu as Olimpíadas de Inverno de 2018, não havia escolha melhor do que Insooni para abrir os jogos! Ela apresentou a letra alegre da canção-tema "Let Everyone Shine" [Deixe que todos brilhem, em tradução livre] e encorajou todos os atletas a fazerem o seu melhor.

Insooni acredita que a fama traz responsabilidades. "Muitas crianças **birraciais** me assistem, então eu carrego muita responsabilidade nas costas", ela disse. Insooni abriu uma escola gratuita para crianças birraciais, onde o bullying é combatido.

NASCIDA EM 5 DE ABRIL DE 1957
COREIA DO SUL

"TODO MUNDO TEM SUA DIFICULDADE. A CHUVA CAI SOBRE TODOS NÓS, MAS NADA DURA PARA SEMPRE E O CÉU VAI SE ABRIR NOVAMENTE."
—INSOONI

ILUSTRADA POR TAYLOR MCMANUS

ISSA RAE

ATRIZ, ROTEIRISTA E PRODUTORA

Era uma vez, na década de 1990, uma menina chamada Issa que cresceu assistindo a seriados de TV engraçados sobre famílias compostas por pessoas negras. Mas, conforme crescia, ela não encontrava seriados realistas com personagens negros como ela.

Issa se apaixonou pela atuação no ensino médio. Na faculdade, criou e filmou sua própria série chamada *Dorm Diaries* [Diários do dormitório, em tradução livre]. Outros estudantes assistiam e mostravam aos amigos. Logo, universitários por todo o país assistiam seu programa!

Depois da faculdade, Issa se mudou para Nova York, para seguir carreira no cinema. Mas, certa noite, uma coisa horrível aconteceu: ladrões invadiram seu apartamento e roubaram todo seu equipamento de filmagem. Levaram até os roteiros! Issa ficou devastada. Mais tarde, ela se sentou, triste e frustrada, e escreveu no diário: "Sou esquisitinha. E negra".

Uma luz se acendeu! Issa percebeu que ela poderia criar uma série de comédia com uma perspectiva nova sobre personagens negros e sem nenhum dos **estereótipos** que ela cresceu vendo na TV. Então escreveu uma série sobre uma jovem como ela – esquisitinha, cheia de pensamentos e emoções. Issa escreveu e estrelou o show, publicando tudo no YouTube, e *Awkward Black Girl* [Menina negra e esquisitinha, em tradução livre] foi um sucesso!

Então, ela fez mágica acontecer outra vez, criando um programa sobre a amizade entre duas jovens negras – dessa vez, para a TV.

Issa também abriu uma empresa para apoiar roteiristas negras e ajudar a lançar seus projetos. Ela queria que outras criadoras como ela fossem vistas e apoiadas em Hollywood e além.

NASCIDA EM 12 DE JANEIRO DE 1985
ESTADOS UNIDOS

ILUSTRADA POR
NAOMI SILVERIO

"EU GOSTO DE ME DESAFIAR.
QUERO SUPERAR O QUE FIZ ANTES."
—ISSA RAE

JACQUELINE DUNKLEY-BENT

PARTEIRA

Jacqueline era uma menina que ficava muito feliz quando ajudava outras pessoas. Seus pais eram caribenhos, e ela era a mais nova de quatro filhos. Amava cozinhar com a mãe, pintar com pai, e aprender caratê quando o irmão queria treinar com ela. Os pais a inspiravam a dar o seu melhor e a tentar fazer o que é certo.

Quando Jacqueline cresceu, tornou-se enfermeira. Gostava de trabalhar com mulheres e bebês, por isso estudou para ser **parteira** e ajudar mulheres grávidas durante o parto.

Jacqueline superou muitos desafios. Lecionou em universidades, escreveu um livro sobre saúde e gerenciou a equipe de maternidade no sistema de saúde britânico. E mais tarde se tornou a chefe do setor de partos da Inglaterra. Nesse cargo, ela elabora formas de melhorar o cuidado de mães e filhos.

Jacqueline trabalha para garantir que todas as mulheres da Inglaterra – não importa onde morem, a cor da pele ou quanto dinheiro possuam – recebam o melhor cuidado de saúde.

Muitos países não possuem os recursos para ajudar as grávidas a permanecerem saudáveis. Às vezes, elas até podem morrem por conta disso. Jacqueline também ensina parteiras do Oeste africano a prevenir essas mortes.

Seja ajudando a duquesa de Cambridge a dar à luz a princesa Charlotte, ou ajudando uma mãe **refugiada**, Jacqueline faz de tudo para manter mães e bebês a salvo e cheios de saúde.

NASCIDA EM 20 DE FEVEREIRO DE 1964
REINO UNIDO

"PARTEIRAS SALVAM VIDAS."
—JACQUELINE DUNKLEY-BENT

ILUSTRADA POR
SANIYYAH ZAHID

JANETH ARCAIN

JOGADORA DE BASQUETE

Era um dia frio em São Paulo e o ginásio estava cheio e vibrante. Janeth estava vidrada na quadra. Ela jogava vôlei, mas tinha decidido assistir ao campeonato mundial de basquete feminino. Afinal, não é sempre que um torneio global passa pela sua cidade. A garota ficou encantada, e imediatamente pediu à mãe para trocar de esporte.

A mudança do vôlei para o basquete foi o comecinho da trajetória de uma das maiores jogadoras que o Brasil e o mundo já viram. Três anos depois daquele dia no ginásio, Janeth recebeu sua primeira convocação para a Seleção Brasileira de Basquete. A partir dali, a garota só brilhou. Participou de quatro Olimpíadas e levou para casa duas medalhas, subiu ao alto do pódio em campeonatos nacionais e internacionais, e, então, decidiu que era hora de mais um desafio.

Janeth foi contratada para jogar nos Estados Unidos, e se tornou a primeira brasileira a jogar na WNBA, a principal liga de basquete feminino do mundo! E tudo isso, para ela, tinha um valor especial. Já que era uma garota negra, vinda de uma família com pouco dinheiro da periferia de São Paulo, pois sempre teve que trabalhar e se provar mais que os outros.

Janeth se tornou uma lenda do basquete. Depois de se aposentar das quadras, fundou uma organização que ajuda o desenvolvimento esportivo e mental de crianças e adolescentes. E, em 2015, a mulher que começou a jogar quase que por acaso recebeu a maior honraria possível: se tornou parte do Hall da Fama do basquete.

NASCIDA EM 11 DE ABRIL DE 1969
BRASIL

"TODO MUNDO NASCE COM UM DOM, COM UM TALENTO, E QUANDO VOCÊ BATALHA POR ISSO, FAZ ACONTECER."
—JANETH ARCAIN

ILUSTRADA POR
ANA MARIA SENA

JAQUELINE GOES DE JESUS

CIENTISTA

Sempre que Jaqueline pensava em cientistas quando era criança, a mesma imagem vinha à cabeça: um homem, branco e bem mais velho. Afinal de contas, era isso o que ela via sempre na TV. Essa representação não tinha nada a ver com ela, uma jovem garota negra de cabelo cacheado. Por isso, Jaqueline não sentia que também podia, um dia, ser cientista.

Mas ela foi estudando, estudando... e quando já estava na faculdade, começou a perceber que existiam, sim, pessoas que eram cientistas e parecidas com ela. Só que essas pessoas geralmente não eram as escolhidas para falar na TV ou em jornais. Jaqueline até achou estranho, mas continuou seu trabalho sem prestar muita atenção.

Até que, um dia, ela recebeu uma missão muito importante: fazer parte da equipe brasileira que buscava o sequenciamento genético de um novo coronavírus. Ou seja, Jaqueline investigaria o DNA do ser microscópico que causava a pandemia de Covid-19, para ajudar a descobrir curas e vacinas.

Jaqueline trabalhou muito duro e eles conseguiram! Foi aí que tudo mudou na vida dela. De repente, passou a ser convidada para dar entrevistas para jornais e palestras para crianças. No começo, ela não queria toda essa atenção e pensava: *Eu faço parte de uma equipe, não é para ser sobre mim.* Mas ela lembrou da pequena Jaqueline, que não se via representada na TV, e decidiu que ainda é necessário mostrar para as crianças negras que elas podem, sim, ser cientistas importantes.

Hoje, Jaqueline já se tornou personagem da Turma da Mônica e até uma Barbie! Ela continua fazendo pesquisas para ajudar a toda a sociedade a entender melhor como funciona o mundo; e também levando a ciência para as pessoas, a fim de incentivar que mais e mais meninas e meninos negros escolham esse caminho.

NASCIDA EM 19 DE OUTUBRO DE 1989
BRASIL

"SÃO AS CRIANÇAS DE HOJE, INSPIRADAS NESSA REPRESENTATIVIDADE, QUE VÃO MUDAR O FUTURO."
—JAQUELINE GOES DE JESUS

ILUSTRADA POR
PRETTA ILUSTRA

JEANETTE EPPS

ASTRONAUTA

Era uma vez uma menina que aos 9 anos era muito boa em matemática e ciências. O irmão mais velho olhou o boletim dela e disse que ela poderia ser astronauta!

Então, Jeanette obteve diplomas em **física** e **engenharia aeroespacial**. E, em 2009, a NASA a escolheu para ser astronauta.

Ali, a parte mais difícil começou. Ela estudou rochas, minerais e o formato do terreno para poder identificar formações como lagos e vulcões na superfície da Lua. Também aprendeu a falar russo para conversar com os outros astronautas. Praticou rapel em cavernas para coletar espécimes de paredes gosmentas, e, assim, estar preparada para trabalhar em qualquer tipo de ambiente. Praticou caminhadas embaixo da água para conseguir andar na Lua, onde quase não há gravidade. Operou robôs complexos e tecnologia de estações espaciais. Com toda essa experiência, ela passou em todos os exames e testes físicos de qualificação para uma missão espacial.

Quando soube que a NASA planejava enviá-la para viver por seis meses na Estação Espacial Internacional, Jeanette ficou empolgada!

Infelizmente, em 2018, pouco antes da viagem, ela foi retirada da missão. Outro astronauta foi colocado em seu lugar, e a NASA nunca explicou o porquê. Ela ficou devastada, mas recebeu a notícia com calma.

Seus amigos e familiares protestaram por ela. Todos queriam respostas, mas ela está disposta a esperar. Está se mantendo em boa forma. Quando a próxima oportunidade surgir, Jeanette estará pronta!

NASCIDA EM 3 DE NOVEMBRO DE 1970

ESTADOS UNIDOS

"SER A PRIMEIRA EM QUALQUER COISA É MUITA RESPONSABILIDADE. EU ACEITO O DESAFIO E ESTOU ESPERANÇOSA."
—JEANETTE EPPS

ILUSTRADA POR
ALLEANNA HARRIS

JESSAMYN STANLEY

PROFESSORA DE YOGA

Sempre disseram que Jessamyn era muito lenta e descoordenada para esportes em equipe.

Por isso, ela tentou uma atividade solitária e matriculou-se no curso de yoga. Jessamyn estava animada, mas quando entrou na sala e viu que era maior e que sua pele era mais escura que a do resto da turma... Pior, era uma aula de "hot yoga". Ou seja, o aquecedor estava em 40 graus! Suada e frustrada com a dificuldade para se dobrar, alongar e equilibrar nas posições desconhecidas, ela desistiu e foi embora.

Anos depois, quando Jessamyn estava na faculdade, uma amiga a convidou para uma aula de yoga. "De jeito nenhum", Jessamyn disse. Ela tinha certeza de que yoga não combinava com ela.

Mas a amiga a encorajou a sair da zona de conforto. Dessa vez, Jessamyn amou! Muitas das posições ainda eram difíceis, mas ela conseguiu fazer a aula até o fim e ficou muito orgulhosa de si mesma.

Daquele dia em diante, Jessamyn parou de falar que não conseguia fazer coisas difíceis. Em vez disso, afirmou para si mesma que era forte e poderosa! Praticar yoga com essa visão positiva ajudou-a a aceitar seu corpo e se sentir mais confiante.

Jessamyn estudou yoga por anos e dominou as posições que foram difíceis no começo. Ela se tornou uma professora carinhosa, que encoraja pessoas de todos os tipos a tentarem fazer yoga.

NASCIDA EM 27 DE JUNHO DE 1987
ESTADOS UNIDOS

"DÊ AQUELE EMPURRÃOZINHO PARA PENSAR ALÉM DOS LIMITES COLOCADOS PELOS OUTROS. OLHE PARA DENTRO E ENTENDA QUE VOCÊ É SUFICIENTE DO JEITO QUE É."
—JESSAMYN STANLEY

ILUSTRADA POR
ALEXANDRA BOWMAN

JOY BUOLAMWINI

CIENTISTA DA COMPUTAÇÃO

Joy cresceu no Mississippi e dizia: "vejo arte e ciência como partes de um todo". Ela passava o tempo no laboratório de computação do pai e assim se interessou por robôs. Por querer aprender como eles funcionavam, aprendeu por conta própria a fazer o design de sites e a linguagem de programação.

Enquanto estudava ciência da computação na faculdade, Joy percebeu que havia um problema com a tecnologia usada para fazer robôs. Um robô poderia reconhecer o rosto de uma pessoa de pele clara, como o de sua colega de quarto, mas não o seu, de pele escura. Um ano depois, em uma excursão para Hong Kong, Joy testou outros robôs. E eles também não reconheceram seu rosto.

Joy deu de ombros e pensou: *Um dia alguém vai notar e consertar isso.*

Enquanto fazia o mestrado, Joy trabalhou como pesquisadora em um projeto que usava tecnologia para identificar rostos. Outra vez o sistema não detectou sua face. Quando ela testou em um homem negro, funcionou. Curiosa, Joy colocou uma máscara branca e testou outra vez. Seu rosto, agora coberto pela máscara, foi detectado. Joy entendeu que a tecnologia captava rostos brancos e rostos negros masculinos, mas não rostos negros femininos.

Joy sabia que se não falasse nada, mulheres negras do mundo todo não seriam identificadas corretamente por sistemas de computador. Então, contatou empresas como Microsoft e Google para que consertassem a tecnologia de reconhecimento facial.

Chamando a atenção dessas empresas, ela se tornou uma ativista digital, lutando por uma representação adequada de mulheres negras nas novas tecnologias.

NASCIDA EM 23 DE JANEIRO DE 1990

CANADÁ, GANA E ESTADOS UNIDOS

ILUSTRADA POR
SIMONE MARTIN-NEWBERRY

"VAMOS CRIAR UM MUNDO ONDE A TECNOLOGIA FUNCIONE PARA TODOS, NÃO SÓ PARA ALGUNS."
—JOY BUOLAMWINI

JOY REID

JORNALISTA E ÂNCORA

Na família de Joy, as aventuras não eram apenas coisa de adulto. Uma vez, enquanto a mãe dela escrevia um livro, ela fez as malas de toda a família e os levou numa viagem do Colorado até o México. Eles passaram o verão por lá experimentando coisas novas. Joy adorava a mãe, uma imigrante de um país pequeno na América do Sul chamado República da Guiana. Com ela, Joy aprendeu a ser independente, orgulhosa de si mesma e aventureira.

Aos 17 anos, Joy foi aceita em Harvard, onde planejava estudar medicina. Infelizmente, poucas semanas antes do começo das aulas, a mãe de Joy faleceu de câncer de mama. Joy tirou um ano de luto. Quando voltou a estudar, decidiu seguir seu interesse por filmes e histórias.

Depois de se formar, Joy se casou, mudou-se para a Flórida com os três filhos e começou sua carreira como jornalista. Como colunista de um jornal, ela cobriu a história de Trayvon Martin, um jovem negro e inocente que foi morto por um segurança de condomínio. A morte do garoto causou revolta em toda a nação. Joy cobriu todo o caso com detalhes e tanto os expectadores como os produtores ficaram impressionados com o fato. Pouco tempo depois ela se tornou âncora de seu próprio programa de TV. E, em 2020, fez história como a primeira mulher preta a apresentar um programa noturno de notícias em seu país!

Ela sempre aparecia no jornal com seu estilo poderoso, empoderador e seu cabelo natural que ajudava a dar confiança a outras mulheres negras.

Joy sempre acreditou que imaginar os objetivos nos ajuda a alcançá-los. Ela diz: "Tem um ditado que afirma: 'Você deve falar em voz alta para que seu desejo se manifeste'. Eu digo: 'escreva para que seu desejo se manifeste'". Muitos dos sonhos de Joy já se tornaram realidade, e ela continua a viver sem medo, como sua mãe a ensinou!

NASCIDA EM 8 DE DEZEMBRO DE 1968
ESTADOS UNIDOS

ILUSTRADA POR
ELIZABETH MONTERO SANTA

"NÃO TENHA MEDO DE LEVANTAR A VOZ, MAS QUANDO O FIZER, ESTEJA PREPARADA, POIS SERÁ SEU MOMENTO PARA BRILHAR E VOCÊ VAI FAZER JUSTAMENTE ISSO."
—JOY REID

JULIA LÓPEZ

PINTORA

A pequena Julia não tinha um pincel sequer, mas quando cresceu, aprendeu a pintar sozinha. Na infância, trabalhava na fazenda dos seus pais, no México, colhendo alimentos para vender com os irmãos. Eles usavam o dinheiro para ir até algumas feiras da região. Lá, Julia via fotografias de lugares distantes que desejava conhecer.

Uma noite, enquanto todos dormiam, ela decidiu deixar a vida de trabalho no campo para trás. Aos 13 anos, Julia fugiu de casa. Contudo, a família a encontrou e a levou de volta. Um tempo depois ela acabou partindo para a Cidade do México, um lugar agitado, a quase 480 quilômetros de sua casa. Julia encontrou sua madrinha e trabalhou como diarista. As pessoas ficavam fascinadas com sua beleza proveniente de sua **ancestralidade** mista: chilena, africana e amuzgo (um povo indígena original do México).

Mais tarde, conheceu a famosa pintora Frida Kahlo, que a ajudou a conseguir emprego posando para artistas. Quando modelava, observava os pintores em ação. De repente, cresceu dentro dela o desejo de ser pintora também.

Julia usava sacos de papel como telas. Criava paisagens com verde-esmeralda e azul-pavão vivos. Todas as pinturas mostravam cenas de sua infância no campo, como cavalos à beira de um rio ou meninas de pele escura segurando flores. Animada, ela compartilhou o trabalho com um professor na escola. Ele a encorajou a continuar pintando, mas recuou-se a dar-lhe aulas. "Por quê?", Julia quis saber. Ele disse que não queria que ela perdesse seu estilo único.

Na sua primeira exposição, em 1955, ela vendeu cada quadro por apenas vinte centavos. Mas logo começou a ser celebrada por sua representação da vida rural que ela havia deixado para trás.

NASCIDA EM 1936

MÉXICO

ILUSTRADA POR
ACACIA RODRIGUEZ

"MINHA INSPIRAÇÃO É O CAMPO, AS CRIANÇAS, OS MORROS, OS CACHORROS, OS GATOS, OS ANIMAIS, TUDO O QUE EU VIA QUANDO ERA CRIANÇA."
—JULIA LÓPEZ

KAMALA HARRIS

POLÍTICA E ADVOGADA

Era uma vez uma menina que participava de marchas dos direitos civis antes mesmo de nascer. Depois, os pais, que vieram da Índia e da Jamaica, levavam a filha para os protestos. Eles entoavam gritos de luta enquanto a bebê Kamala de olhos arregalados observava tudo de seu carrinho.

Com o passar dos anos, Kamala cresceu e se aventurou por conta própria pelas ruas de Oakland, na Califórnia. Ela queria ser alguém que ajudasse os outros nos momentos difíceis.

Na Universidade de Howard, em Washington D.C., ela seguiu os passos de muitos advogados negros que a antecederam.

Durante um estágio no bairro de Capitol Hill, ela passava pela Suprema Corte todos os dias. No prédio, estão as palavras "Justiça igualitária perante a Lei" gravadas em pedra. Kamala queria garantir que essas palavras fossem verdadeiras para todos.

Ela se formou advogada, fazendo perguntas difíceis e combatendo os adversários ferozes com palavras. Kamala exigia que as pessoas a ouvissem.

Concorreu e se tornou a primeira mulher a ocupar o cargo de procuradora da região de São Francisco, derrotando até seu antigo chefe. Mais tarde, ela tentou o cargo de procuradora estadual da Califórnia – e venceu!

Então, Kamala continuou subindo. Foi eleita para o Senado. E, em 2020, o ex-vice-presidente Joe Biden a escolheu como vice da sua candidatura. O par poderoso ganhou a eleição, e Kamala se tornou a primeira mulher, a primeira pessoa negra e a primeira pessoa sul-asiática a ocupar o cargo.

NASCIDA EM 20 DE OUTUBRO DE 1964
ESTADOS UNIDOS

ILUSTRADA POR
NICOLE MILES

"APESAR DE SER A PRIMEIRA MULHER NESSE CARGO, NÃO SEREI A ÚLTIMA."
—KAMALA HARRIS

KHERIS ROGERS

ESTILISTA

Kheris tinha a pele marrom-escura e reluzente e era muito estilosa. Mas em sua escola em Los Angeles, ela se destacava. Era uma entre os quatro estudantes negros do lugar.

Certa vez, enquanto desenhava, Kheris buscou uma cor para colorir sua pele. A professora entregou-lhe o giz de cera preto como carvão. Mas não tinha nada a ver com o tom da pele dela!

Kheris chegou em casa chorando e contou para a irmã, Taylor, o que tinha acontecido. Taylor lembrou a Kheris o que a avó sempre dizia: "flex in their complexion", em português "tenha orgulho de sua pele". Kheris não entendia direito o que a avó queria dizer.

Taylor vestiu a irmã com roupas bonitas e tirou fotos dela fazendo pose. Ela postou as fotos online com a legenda "Orgulho da pele dela". A internet pirou! Jorraram comentários positivos.

Kheris queria ajudar o máximo de pessoas a se sentirem bem com elas mesmas. Decidiu estampar camisetas com o slogan da família e vendê-las online. A mãe doou cem dólares para Kheris começar seu negócio, e a primeira leva de camisetas esgotou em minutos!

Celebridades importantes usavam as camisetas nas mídias sociais. Logo, ela foi convidada para eventos de moda, programas de TV e anúncios.

"'Ter orgulho da pele' significa para mim que você vê sua beleza", Kheris disse. "Beleza não tem nada a ver com o exterior. Tem a ver com você por dentro, sendo gentil, esperta e criativa. Ser bonita significa ter confiança de que você é suficiente do jeito que é."

NASCIDA EM 6 DE AGOSTO DE 2006
ESTADOS UNIDOS

ILUSTRADA POR
MAYA EALEY

FLEXIN' IN MY COMPLEXION

"SE VOCÊ QUISER SER ALGUMA COISA, APENAS SEJA. VOCÊ TEM A OPORTUNIDADE PARA ISSO. PESQUISE E DESCUBRA O QUE REALMENTE QUER SER, PARA IR ATRÁS DOS SEUS SONHOS."
—KHERIS ROGERS

KIMBERLY BRYANT

ENGENHEIRA E EMPRESÁRIA

Era uma vez uma menina cuja cabeça era repleta de números. Durante a infância e a adolescência, Kimberly era fascinada por tecnologia e tinha um profundo interesse por matemática e ciência. Depois do ensino médio, ela foi aceita em uma universidade de prestígio onde estudou engenharia elétrica.

Logo na primeira matéria de programação, Kimberly se apaixonou. Não podia acreditar em todas as coisas incríveis que os computadores eram capazes de fazer. As possibilidades eram infinitas!

Mas por mais que a tecnologia a empolgasse, Kimberly ficava triste de ser uma das poucas garotas negras no curso. Muitas matérias de engenharia de computação eram cheias de homens brancos.

Mesmo assim, seguiu carreira em tecnologia. O tempo passou e ela também virou mãe. Um dia, sua filha Kai disse que queria aprender programação. Por conta disso, Kimberly foi atrás de cursos para ela fazer, mas infelizmente todos eram idealizados para meninos. Kimberly não queria que a filha enfrentasse a mesma sensação de isolamento que ela viveu no passado.

Assim, teve uma ideia! Em 2011, ela fundou o Black Girls Code [Garotas negras programam, em tradução livre], uma organização dedicada a ensinar meninas negras sobre ciência, tecnologia, engenharia e matemática.

O objetivo de Kimberly é aumentar o número de oportunidades disponíveis para mulheres e garotas na área de tecnologia e ensiná-las as habilidades necessárias para se desenvolverem no assunto. Ela planeja mudar a vida de um milhão de jovens negras até 2040. E ela está a caminho de cumprir a meta!

NASCIDA EM 14 DE JANEIRO DE 1967
ESTADOS UNIDOS

"VOCÊ PODE, SIM, SER O QUE VOCÊ NÃO PODE VER! É O QUE INOVADORES E TRANSGRESSORES FAZEM."
—KIMBERLY BRYANT

ILUSTRADA POR
OCTAVIA JACKSON

KRISTAL AMBROSE

AMBIENTALISTA

Era uma vez uma garotinha que morava nas Bahamas e nadava no mar todos os dias. Ela amava a sensação da água geladinha contra sua pele, e adorava rir e brincar na areia com suas irmãs.

O que há no fundo do oceano?, Kristal pensava. Desde muito pequena, sabia que queria ser cientista marinha.

Na adolescência, foi trabalhar em um aquário e isso mudou o rumo de sua vida para sempre. Um dia, precisou ajudar uma tartaruga marinha que havia engolido plástico. Kristal ficou muito triste com o sofrimento do animal, causado pela poluição do oceano. Então fez uma promessa: nunca mais jogaria lixo no chão e faria de tudo que estivesse ao seu alcance para ajudar a manter os oceanos limpos e as criaturas marinhas em segurança.

Porém, para onde quer que olhasse, ela via garrafas de água, potes e saquinhos de lixo amontoados e emaranhados com outros restos de lixo e algas. O lixo ficava empilhado pelas praias que deveriam estar cheias de caranguejos, pássaros aquáticos e crianças brincando.

Kristal lançou o Movimento do Plástico nas Bahamas, para ajudar a retirar o lixo plástico das praias. Ela também inaugurou um acampamento de verão gratuito para crianças onde elas poderiam aprender sobre a vida marinha e o que fazer para protegê-la.

Kristal e seus alunos rascunharam uma lei banindo o plástico de uso único nas Bahamas. "Nós somos a mudança. Nós somos a solução. Podemos resolver o problema da poluição pelos plásticos!", eles entoavam em frente à sede do governo.

Em 2018, a lei foi aprovada! Essa jovem mulher, que ama os oceanos, usou seu poder, levantou a voz e protegeu aquele litoral que tanto ama.

NASCIDA EM 7 DE DEZEMBRO DE 1989
BAHAMAS

"EU CONSIGO CANALIZAR
A ENERGIA DO OCEANO."
—KRISTAL AMBROSE

ILUSTRADA POR
KETURAH ARIEL

LADI KWALI

CERAMISTA

Nigéria é o país onde vivia uma garota que amava cerâmica. Ladi veio de uma família com o dom de fazer vasos, tanto decorativos quanto para cozinhar e armazenar água.

Ladi era jovem quando a tia a ensinou a fazer cerâmica. Ela aprendeu rápido, e era muito boa na técnica manual, com o "beliscão" e os "rolinhos". E também com a modelagem em torno, colocando o pote sobre uma banqueta e modelando o vaso que gira ao redor dele. Girando e girando, acrescentando faixas de argila, depois alisando até ficar bem finalizado.

As pessoas reconheciam suas padronagens de pássaros, peixes, lagartos e escorpiões, que Ladi gravava usando a imaginação. Ela ficou tão famosa que os potes eram vendidos antes de conseguir chegar ao mercado.

Um funcionário do governo ficou tão impressionado com a quantidade de detalhes no trabalho de Ladi que a convidou para o centro de treinamento em cerâmica que ele tinha aberto. Ela foi a primeira mulher ceramista a estudar ali, e logo se tornou instrutora.

Nesse centro, Ladi aprimorou seu talento, aprendendo a modelar no torno, esmaltação e uso do forno para endurecer e secar os potes. Ela fazia chaleiras, garrafas, tigelas, pratos e xícaras.

Ladi, que era novata na cerâmica contemporânea, logo a dominou com perfeição. Adorava misturar métodos tradicionais e modernos, principalmente para potes decorativos. Com um toque moderno, suas produções ficaram caras e desejadas. Todo mundo queria uma peça de Ladi Kwali em casa! A reputação e a qualidade de seus produtos se espalhou por todos os continentes.

NASCIDA POR VOLTA DE 1925 – FALECIDA EM 12 DE AGOSTO DE 1984

NIGÉRIA

ILUSTRADA POR
SARAH MADDEN

LEAH CHASE

CHEFE DE COZINHA

A família de Leah era pobre, mas eles comiam como membros da realeza. Comiam quiabo, batata-doce e galinhas da fazenda do pai.

Naquela época, as escolas eram segregadas, e como não havia uma de ensino médio para negros na região, Leah se mudou para a casa da tia, em Nova Orleans.

Lá, ela conheceu e se casou com um trompetista cujo apelido era Dooky. Os sogros eram donos de uma lanchonete. Quando o sogro de Leah ficou doente, Dooky e ela foram ajudar o negócio e, depois, assumiram o querido ponto de encontro da vizinhança.

Com o tempo, o restaurante Dooky Chase se tornou um dos poucos lugares em que a comunidade negra de Nova Orleans podia fazer uma boa refeição. Também era o local onde se planejava um mundo melhor. Líderes do movimento pelos direitos civis se reuniam lá para discutir estratégias enquanto jantavam com aliados brancos – embora fosse ilegal que brancos e negros se misturassem. Leah também servia músicos, atores e presidentes, além dos moradores da região.

Leah era *creole*, um termo que se refere à **população miscigenada** da Louisiana – composta por franceses, hispânicos, africanos e indígenas –, e ela servia os pratos preferidos do *creoles*, como o gumbo. Em panelas grandes, fervia um cozido saboroso de linguiça, camarão, caranguejo, galinha e carne de vaca, bem temperado com cebola, alho e salsinha.

Inspirada após uma visita a um museu, Leah quis servir mais do que comida deliciosa aos seus clientes. Logo, todas as paredes do restaurante ficaram cobertas pela arte vibrante de artistas negros.

A rainha da cozinha *creole* servia sua comunidade sete dias por semana. Hoje, seus filhos e netos mantêm a tradição viva.

NASCIDA EM 6 DE JANEIRO DE 1923 – FALECIDA EM 1º DE JUNHO DE 2019

ESTADOS UNIDOS

"MUDAMOS O DESTINO DA AMÉRICA DURANTE UM JANTAR COM GUMBO E FRANGO FRITO."
—LEAH CHASE

ILUSTRADA POR NICOLE MILES

LÉOPOLDINE DOUALLA-BELL SMITH

COMISSÁRIA DE BORDO

Era uma vez uma princesa que fez história no céu. O nome dela era Léopoldine, princesa da família real Douala de Camarões. Ela amava animais e queria ser veterinária, mas o pai a informou que mulheres só podiam ser enfermeiras ou professoras. Mas ele estava errado.

No ensino médio, Léopoldine arranjou emprego em um terminal aeroportuário. Ela ajudava os passageiros que chegavam a Camarões vindos do mundo todo.

Depois de se formar, ela fez curso de comissária de bordo. Pouco antes do primeiro voo, entrou em pânico. Nunca tinha andado de avião! Aos 17 anos, Léopoldine não percebeu que estava rompendo barreiras como a primeira comissária de bordo negra.

Muitos países africanos estavam conquistando a independência, e Léopoldine assistia a essa mudança na África de camarote.

Alguns passageiros reclamavam ao ver uma mulher negra servindo-os, tocando sua bagagem ou apenas em sua presença. Léopoldine ignorava o **racismo** deles. Ela apenas sorria e se afastava. Um dia, ao pousar na África do Sul, ela nem teve permissão de descer do avião com seus colegas brancos.

Apesar dos desafios, Léopoldine abria as portas para outras mulheres na indústria do turismo. Atualmente está aposentada e mora nos Estados Unidos, mas ainda trabalha como voluntária. Com seu chapéu branco de caubói, ela recebe os turistas no aeroporto com um sorriso brilhante.

NASCIDA EM 1939

CAMARÕES

"MEUS IRMÃOS E EU FOMOS CRIADOS PARA DARMOS BOAS--VINDAS AOS ESTRANGEIROS E FAZERMOS COM QUE SE SINTAM EM CASA NA ÁFRICA. POR ESSE MOTIVO, SEMPRE FUI ABERTA A OUTRAS CULTURAS."
—LÉOPOLDINE DOUALLA-BELL SMITH

ILUSTRADA POR SARAH LOULENDO

MC SOFFIA

RAPPER

Soffia nunca quis ser princesa. Ela sempre sonhou em ser uma super-heroína. Sua pele é negra e seu cabelo é crespo. E seu superpoder é a voz. Com ela, mandou uma mensagem importante: "Que as meninas pretas possam se amar e se aceitar, e amar e aceitar umas às outras".

Quando Soffia tinha apenas 5 anos, seus colegas de classe começaram a ofendê-la por conta de sua pele escura. Um deles falou que ela era escura demais porque tinha caído numa lata de tinta quando bebê. Ela ficou magoada, e falou para a mãe: "Eu quero ser branca".

Kamilah, a mãe, ficou indignada. *Ser preta é algo lindo e poderoso*, ela pensou. Não havia absolutamente nada de errado com sua pele escura. Então, Kamilah começou a ensinar Soffia a celebrar sua **ancestralidade**.

Soffia foi à sua primeira oficina de hip-hop aos 6 anos, pouco tempo depois, aos 7, sua carreira começou. Ela trabalhou nas letras que depois seriam gravadas em um estúdio de verdade.

Em 2016, ela lançou seu primeiro videoclipe, de sua música "Menina pretinha". Nele, Soffia, com 12 anos, canta: "sou negra e tenho orgulho da minha cor".

No mesmo ano, Soffia se apresentou com uma das rappers mais famosas do Brasil, Karol Conká, durante a cerimônia de abertura das Olimpíadas. Nos bastidores, Soffia estava ansiosa, mas quando segurou o microfone, sabia que estava pronta. Suas palavras fluíram com confiança e poder.

NASCIDA EM 22 DE FEVEREIRO DE 2004

BRASIL

ILUSTRADA POR
KEISHA OKAFOR

"VOU REPRESENTAR TODAS AS CRIANÇAS NEGRAS DA PERIFERIA QUE NÃO PODEM ESTAR AQUI. EU SEREI A VOZ DELAS."
—MC SOFFIA

MAMIE PHIPPS CLARK

PSICÓLOGA

Era uma vez uma garota negra chamada Mamie, que cresceu durante a segregação no sul dos Estados Unidos. Ela se formou em **psicologia** e se tornou a primeira mulher negra a receber um PhD na Universidade da Columbia.

Como sempre teve interesse em trabalhar com crianças, Mamie estudou como o **racismo** influencia na autoestima das crianças negras. Fascinado com a pesquisa, Kenneth, seu marido, se juntou a ela no estudo.

Eles conduziram uma pesquisa chamada "teste das bonecas". Crianças negras recebiam duas bonecas, uma negra e outra branca, e respondiam a perguntas como: "Qual é a boneca que você gosta mais?" ou "Qual é a mais legal?".

Descobriram que a maioria das crianças negras de áreas segregadas rejeitavam a boneca negra e descreviam a boneca branca como "mais legal". Mamie explicou que, como essas crianças não frequentavam escola com crianças brancas, elas não percebiam que eram tão boas e inteligentes quanto os estudantes brancos.

A pesquisa de Mamie e Kenneth alertou a Suprema Corte americana que tomou a decisão **unânime** no caso em Brown *versus* Secretaria da Educação, que acabou com a **segregação** em escolas públicas!

Mamie também fundou o primeiro centro terapêutico para crianças no Harlem, um bairro negro de Nova York. Lá, forneceu uma educação melhor para as crianças que foram colocadas em turmas erradas nas escolas.

Mamie sabia que as crianças pretas são tão espertas e criativas quanto as brancas, e queria que elas soubessem disso também.

NASCIDA EM 18 DE ABRIL DE 1917 – FALECIDAE EM 11 DE AGOSTO DE 1983

ESTADOS UNIDOS

"NÃO NOS ENGANEMOS, POIS O RACISMO É UMA DOENÇA."
—MAMIE PHIPPS CLARK

ILUSTRADA POR
OCTAVIA JACKSON

MARGARET BUSBY

EDITORA

Sempre que Margaret observava, havia apenas livros escritos por autores brancos e sobre pessoas brancas. Na escola, as leituras obrigatórias nunca eram de autores negros. Ela sabia que precisava dar um jeito nisso.

Certa noite, ela foi a um lançamento de livro em Londres. O evento aconteceu no jardim onde *Peter Pan* havia sido escrito. Parecia haver certa mágica no ar, e ela conheceu um homem chamado Clive Allison. Eles conversaram horas sobre o amor mútuo que tinham por literatura e decidiram virar sócios.

O ano era 1967, e a editora Allison & Busby nasceu.

No começo, a dupla manteve seus empregos fixos e trabalhava nos livros à noite e aos finais de semana. Venderam os primeiros livros de porta em porta e nas ruas. "Quer comprar um livro de poesia?", perguntavam.

O método não foi muito bem-sucedido. Por fim, encontraram um distribuidor que os ajudou a levar os livros a mais mãos.

Com o passar dos anos, Margaret e Clive encontraram, editaram e publicaram livros de poesia, contos, romances e ficção científica produzidos por escritores subestimados. Resgataram obras antigas e lhe deram um novo fôlego.

Em 1992, Margaret reuniu em uma coletânea, chamada *Daughters of Africa*, [Filhas da África, em tradução livre] poemas, ensaios e artigos políticos de mais de duzentas mulheres negras. Foi um projeto tão bem-sucedido que ela publicou uma segunda antologia em 2019. Ela queria que os leitores de todas as origens "se fartassem naquele banquete de palavras".

E como a primeira editora negra do Reino Unido, Margaret aumentou a **diversidade** na literatura, uma história de cada vez.

NASCIDA EM 11 DE OUTUBRO DE 1944

GANA E REINO UNIDO

ILUSTRADA POR
NICOLE MILES

"ESCREVA SE REALMENTE GOSTAR DE ESCREVER, E APRENDA A SER UMA BOA LEITORA, PORQUE OS MELHORES AUTORES LEEM COM AVIDEZ."
—MARGARET BUSBY

MARÍA ISABEL URRUTIA

LEVANTADORA DE PESO

Quando María tinha apenas 13 anos, competiu em uma disputa de arremesso de peso, onde se joga uma bola pesada de metal o mais longe possível. Ela ganhou muitas competições na América do Sul. Embora o pai de María reclamasse que o esporte fosse perigoso demais para uma menina, ela continuava competindo.

Ao se tornar uma jovem adulta, trabalhou como telefonista para ajudar a pagar pelo treinamento. Acordava às quatro da manhã todos os dias para ir trabalhar. Por isso ela treinava de tarde e estudava de noite.

Em 1988, María representou a Colômbia nas Olimpíadas de Seul, na Coreia do Sul. Não ganhou uma medalha, mas conheceu um treinador búlgaro que lhe deu uma ótima ideia: ele a convenceu a treinar levantamento de peso.

Com apenas três meses de treino, ela competiu em um campeonato mundial em Manchester e ganhou medalha de prata! Era tão boa que ganhou nove medalhas em seguida.

Infelizmente, o governo não fornecia muito apoio. E María precisava de equipamento para ficar mais forte, mas não conseguia nenhum. Sentindo-se derrotada, decidiu se aposentar do esporte. Mas o comitê olímpico acrescentou levantamento de peso feminino nas Olimpíadas de 2000. *Talvez só mais uma competição*, pensou… e ganhou!

María se tornou a primeira pessoa da Colômbia a ganhar uma medalha de ouro olímpica! Depois da vitória, ela se aposentou e se tornou política, esforçando-se para que seus colegas atletas recebessem o apoio necessário para treinar e vencer.

NASCIDA EM 25 DE MARÇO DE 1965
COLÔMBIA

ILUSTRADA POR
MIA SAINE

"ESTA VITÓRIA É PARA AQUELES QUE ACREDITARAM EM MIM E PARA OS QUE NÃO ACREDITARAM TAMBÉM."
—MARÍA ISABEL URRUTIA

MARSAI MARTIN

ATRIZ E PRODUTORA EXECUTIVA

Era uma vez uma menina chamada Marsai que sonhava em se tornar uma superestrela. Quando as pessoas perguntavam: "O que você quer ser quando crescer?". Ela respondia: "Uma lenda".

Marsai era filha única. Passava muito tempo entretendo a si mesma e aos pais com apresentações na sala.

Um dia, ela foi ao shopping com a família e tirou uma foto. O fotógrafo ficou impressionado com como ela posou e brilhou diante da câmera. Ele encorajou os pais dela a enviar as fotografias para uma agência. Logo, os agentes brigavam para trabalhar com Marsai. Ela fez seu primeiro comercial, e, em 2013, a família se mudou para Los Angeles para ela poder seguir a carreira de atriz.

Quando tinha 10 anos, Marsai fez o teste para um papel no famoso programa de TV, *Black-ish*, que retratava as experiências de uma família negra estadunidense. Ali, a menina foi catapultada para a fama!

Marsai não queria só estrelar em filmes; queria produzi-los também. Por isso, abriu uma empresa com os pais, chamada Genius Productions. Logo, ela teve uma ideia para um filme com o elenco inteiro composto por mulheres negras e lançou a ideia para executivos do cinema, que amaram. Aos 13 anos, ela se tornou a mais nova **produtora executiva** de Hollywood da história! O papel principal era dela e o filme, *A chefinha*, fez um sucesso tremendo.

Uma lenda da vida real, Marsai está transformando seus sonhos em realidade!

NASCIDA EM 21 DE AGOSTO DE 2004
ESTADOS UNIDOS

ILUSTRADA POR
KEISHA OKAFOR

"VÁ ATRÁS DO SEU 'SIM'!"
—MARSAI MARTIN

MARSHA P. JOHNSON

ATIVISTA

Era uma vez uma criança que ajudou a iniciar um movimento. Os pais de Marsha a chamavam por um nome masculino e a vestiam com roupas de menino, mas ela nunca esteve confortável com isso. E, aos 5 anos, quando colocou um vestido, sentiu-se bem e bonita.

Porém, alguns alunos da escola não acharam. E Marsha só foi colocar outro vestido depois do ensino médio.

Ela se mudou para a cidade de Nova York com quinze dólares e uma muda de roupas. Marsha não conhecia ninguém e acabou em situação de rua. A cidade era barulhenta e assustadora com suas buzinas e edifícios gigantes, porém Marsha encontrou um lar na rua Christopher, no bairro de Greenwich Village.

Logo, todo mundo parecia conhecer Marsha. Chamavam-na de "Rainha" e "Santa". Ela desfilava pelas ruas vestida com cores brilhantes, lantejoulas, glitter e prendia flores e frutas de mentira no cabelo. Mas Nova York não era exatamente um paraíso para as pessoas LGBTQIAPN+.

Em 28 de junho de 1969, a polícia invadiu o Stonewall Inn, um clube no bairro de Marsha, onde as pessoas LGBTQIAPN+ se reuniam. Mas os frequentadores do local revidaram: viraram carros e incendiaram coisas. Marsha gritou e lutou contra sua prisão, ao lado de sua comunidade.

Aquela noite, conhecida como a Rebelião de Stonewall, iniciou o movimento pelos direitos das pessoas LGBTQIAPN+. Em seguida, Marsha e a amiga Sylvia Rivera fundaram uma organização que cuidava de jovens **transgêneros** sem-teto. Forneciam alimento, roupas, abrigo e um ambiente acolhedor. Marsha abriu seu enorme coração para garantir que outros não sofressem como ela.

NASCIDA EM 24 DE AGOSTO DE 1945 – FALECIDA EM 6 DE JULHO DE 1992

ESTADOS UNIDOS

ILUSTRADA POR
NAKI NARH

"QUANTOS ANOS LEVARÃO PARA AS PESSOAS PERCEBEREM QUE SOMOS TODOS IGUAIS, SERES HUMANOS DA RAÇA HUMANA?"
—MARSHA P. JOHNSON

MEGHAN MARKLE

DUQUESA DE SUSSEX, ATRIZ E HUMANITÁRIA

Era uma vez uma menina chamada Meghan, que se tornou duquesa! Filha de mãe negra e pai branco, ela sempre acreditou na igualdade.

Um dia, quando ela tinha 11 anos, sua turma da escola estava vendo TV quando um comercial de detergente foi ao ar, e uma voz masculina dizia: "As mulheres estão lutando contra panelas engorduradas...".

Rindo, os meninos concordaram que lugar de mulher é na cozinha.

Magoada e com raiva, Meghan sentiu que precisava fazer alguma coisa. O pai dela a encorajou a escrever cartas para pessoas poderosas. Ela escreveu para a fabricante do detergente, para uma advogada feminista, e para a primeira-dama dos Estados Unidos, Hillary Clinton. Três meses depois, a empresa mudou a palavra "mulheres" para "pessoas". Meghan ficou maravilhada! Ela tinha feito diferença ao falar sobre suas crenças.

Enquanto buscava alcançar mais espaço em sua carreia de atriz, Meghan continuou levantando a voz em busca de mudança. Em um discurso comovente, lembrou sua audiência de que somente acreditar na igualdade não é o suficiente. É preciso agir. Depois de saber que milhões de meninas não estudam por conta da menstruação, ela escreveu um artigo a respeito na revista *Time*. Em 2018, Meghan casou-se com o príncipe Harry da família real britânica e se tornou princesa. Seu título é o de duquesa de Sussex.

Meghan acredita que é necessária a participação de todos – meninas e mulheres, meninos e homens, negros e brancos – em união para construir um mundo mais **igualitário**.

NASCIDA EM 4 DE AGOSTO DE 1981
ESTADOS UNIDOS E REINO UNIDO

ILUSTRADA POR
DATA ORUWARI

"IGUALDADE NÃO COLOCA
NINGUÉM EM DESVANTAGEM.
ELA COLOCA TODOS NO MESMO
NÍVEL, O QUE É UM DIREITO
HUMANO FUNDAMENTAL."
—MEGHAN MARKLE

MURIEL TRAMIS

DESIGNER DE VIDEOGAME

Muriel era uma menina que amava todos os tipos de jogos: palavras cruzadas, jogos de tabuleiro, adivinhas, cartas, problemas de lógica...

Um dia ela começou a criar seus próprios jogos. Ela era capaz de desenvolver cenários, histórias, personagens e regras. Era muito mais gostoso do que jogos inventados por outras pessoas! Adorava ver seus amigos se divertindo com suas criações.

Aos 16 anos, Muriel deixou a Martinica, a ilha no Caribe que era seu lar, para estudar engenharia em Paris. Seu primeiro emprego foi programando drones para o exército francês, mas Muriel não queria que usassem seu trabalho na guerra.

Então ela saiu para se juntar a outra empresa. Essa equipe fazia videogames, e amavam suas ideias. Ela experimentava misturar história, folclore e o sobrenatural nos jogos.

Em 1987, o primeiro jogo de Muriel, *Méwilo*, foi lançado. Um ano depois, seu segundo jogo, *Freedom: Rebels in the Darkness*, foi lançado. Ambos eram aventuras na Martinica durante o período de escravidão.

Nem todas as criações de Muriel eram históricas. Ela também criou jogos sobre goblins, jornadas, aventuras ousadas e até tópicos educativos, como matemática e ciência, para encorajar meninas a seguirem carreiras técnicas e científicas.

Muriel ficou surpresa ao descobrir bem mais tarde na carreira que é conhecida como a primeira mulher negra no mundo dos videogames. E espera que muitas outras meninas que amam videogames se juntem a ela!

NASCIDA EM 16 DE SETEMBRO DE 1958
MARTINICA E FRANÇA

ILUSTRADA POR
KYLIE AKIA ERWIN

"APRENDI QUE NENHUMA TECNOLOGIA TRANSMITE CONHECIMENTO TÃO BEM QUANTO UM JOGO. JOGAR É A MELHOR FERRAMENTA DE APRENDIZADO QUE TEMOS."
—MURIEL TRAMIS

PLAYER 1
5300

TOP SCORE
10000

NANDI BUSHELL

BATERISTA

Era uma vez uma menina que espalhava alegria e felicidade no seu próprio ritmo. Nandi nasceu em Durban, na África do Sul, mas sua família mudou-se para a Inglaterra quando ela tinha 2 anos.

Quando Nandi tinha 5 anos, o pai dela colocava Beatles para tocar enquanto fazia panquecas. Um membro da banda, Ringo Starr, chamou a atenção de Nandi. Ela ficou maravilhada com a forma dele tocar bateria tão bem.

Seus pais prometeram que ela poderia ter uma bateria se fosse bem na escola. Por conta disso Nandi fez todas as tarefas e tirou notas excelentes.

O pai de Nandi começou a lhe ensinar a tocar bateria. E porque ela praticava todos os dias, não demorou muito para conseguir tocar melhor do que ele! Nandi amava rock e copiava exatamente o ritmo das músicas que gostava de ouvir.

Por causa de seu talento, os pais gravaram vídeos dela tocando guitarra e bateria para postar na internet. E os vídeos viralizaram! Até roqueiros famosos assistiram.

Um desses roqueiros, Lenny Kravitz, ficou tão impressionado que a chamou para tocarem juntos um dia. Nandi ficou animada demais! Ele era um de seus músicos favoritos.

Nandi também entrou numa batalha online com o lendário baterista, Dave Grohl, na qual cada um desafiava músicas para o outro tocar.

Além de rock, ela toca jazz e salsa, e até compõe as próprias canções. "Nada vai me segurar", Nandi diz.

NASCIDA EM 28 DE ABRIL DE 2010

ÁFRICA DO SUL E REINO UNIDO

"EU AMO COMPOR E MINHAS BATIDAS SÃO DA HORA!"
—NANDI BUSHELL

ILUSTRADA POR
SHAREE MILLER

NAOMI OSAKA

TENISTA

Era uma vez uma menina que podia sacar uma bola de tênis a mais de 190 quilômetros por hora – isso é muito, *muito* rápido.

Naomi nasceu em Osaka, no Japão, com um cabelo lindo, cheio e cacheado, e de pele marrom. Ela era metade haitiana, metade japonesa, e as pessoas a chamavam de "hafu" – que significa "**mestiça**" ou "metade". Mas Naomi não se sentia metade de nada. Se sentia uma pessoa inteira.

Quando era bem pequena, sua família se mudou para Long Island, no estado de Nova York. Naomi e a irmã mais velha, Mari, cresceram vendo tênis na TV, junto ao pai haitiano, Leonard. A família toda admirava as superestrelas do tênis Serena e Venus Williams, que foram treinadas pelo pai. Logo, Leonard começou a treinar Naomi e Mari para serem jogadoras de alto nível também. Naomi tinha apenas 3 anos de idade.

Quando Naomi se profissionalizou, jogava pelo Japão com orgulho. Ela não se importava que o público ficasse chocado por ver uma menina de pele escura aparecer na quadra. Ela jogava do fundo da quadra, um ponto estratégico para a defesa e o ataque no tênis, usando seus instintos afiados e poder nos lances para ganhar set após set.

Naomi continuou vencendo até ficar frente a frente com sua ídola, Serena Williams, no Aberto dos Estados Unidos de 2018. A partida foi eletrizante e difícil. E Naomi, aos 20 anos, saiu vencedora!

Tênis não é a única coisa que importa para Naomi. Ela se preocupa muito com **justiça social**. Ela já se recusou a jogar partidas em protesto ao tratamento desigual que as pessoas pretas recebem nos Estados Unidos.

Naomi é uma guerreira, e suas maiores vitórias ainda estão por vir.

NASCIDA EM 16 DE OUTUBRO DE 1997
JAPÃO E ESTADOS UNIDOS

"É PRECISO SEGUIR EM FRENTE E LUTAR PELO QUE ACREDITA, E UM DIA VOCÊ VAI CHEGAR AONDE QUISER."
—NAOMI OSAKA

ILUSTRADA POR
DANIELLE ELYSSE MANN

NATHÁLIA RODRIGUES

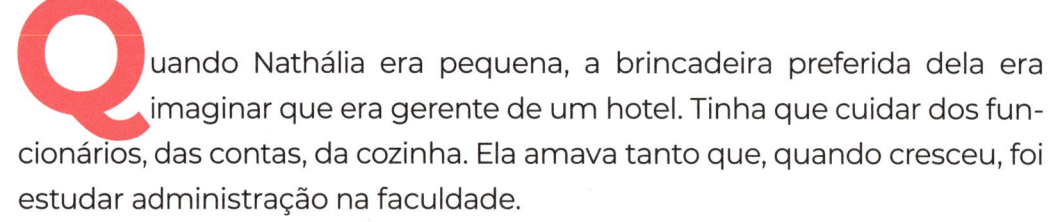

EMPRESÁRIA E ADMINISTRADORA

Quando Nathália era pequena, a brincadeira preferida dela era imaginar que era gerente de um hotel. Tinha que cuidar dos funcionários, das contas, da cozinha. Ela amava tanto que, quando cresceu, foi estudar administração na faculdade.

A trajetória da periferia de Nova Iguaçu, no Rio de Janeiro, até as salas de aula da graduação não foi fácil. A rua onde Nathália morava com a família sempre alagava e ela tinha que colocar sacolinhas nos pés para eles não chegarem encharcados na escola. E, para piorar, as contas de casa nem sempre fechavam. A garota via como a falta de planejamento, que tornava difícil a vida financeira da família, afetava os pais. Então ela começou a perceber que as pessoas ao redor dela também não sabiam que pensar no orçamento da casa era importante. Todos pensavam que se planejar era só uma coisa de gente branca e rica.

Foi pensando nisso que Nathália decidiu criar um canal no YouTube para ensinar pessoas de baixa renda a lidar com dinheiro. Assim nasceu Nath Finanças. No canal, ela começou a dar dicas de como planejar os gastos e economizar um pouquinho, e como isso podia fazer diferença na vida da família. Os conteúdos ficaram superpopulares. Muita gente quis aprender com Nath a importância da educação financeira. Isso prova que a garota estava certa: aprender a poupar é para todos, e é uma ferramenta para melhorar a vida de pessoas que não são privilegiadas. E prova também que o mundo das finanças é lugar para mulheres negras falarem com propriedade e conhecimento.

Ela cresceu tanto que deixou de trabalhar em outra empresa para se dedicar só ao próprio negócio. Hoje, Nathália é uma das principais referências em educação financeira do Brasil, e continua alçando voos cada vez maiores.

NASCIDA EM 26 DE JULHO DE 1999
BRASIL

"SEI QUE A EDUCAÇÃO FINANCEIRA NÃO RESOLVE TODOS OS PROBLEMAS DO BRASIL. MAS ELA AJUDA."
—NATHÁLIA RODRIGUES

ILUSTRADA POR
PRETA ILUSTRA

NEUSA SANTOS SOUSA

PSIQUIATRA E ESCRITORA

Neusa era psicanalista e psiquiatra, um tipo de médica que cuida de doenças psicológicas que surgem na mente das pessoas. Nascida na Bahia e formada em medicina numa época em que era mais difícil ainda para mulheres negras como ela, Neusa conseguiu vencer as barreiras do **racismo** e viver seu sonho.

Por sempre enxergar o mundo a partir da vivência da mulher negra, Neusa entendia que não dava para pensar na mente e no indivíduo sem levar em conta as características de cada um. Por isso, ela se incomodava que a psicanálise tratasse todas as pessoas a partir da mesma base: a de experiências brancas. Como seria possível entender as dores que afligiam uma pessoa negra sem levar em conta o mundo em que ela vivia?

Foi com esses questionamentos que Neusa decidiu estudar a **psicologia** a partir de um ponto de vista negro. Assim nasceu sua obra-prima, *Tornar-se negro*, um estudo sobre como o racismo e as vivências negras impactam a individualidade e o inconsciente. Esse livro se tornou um marco na história da psicologia e do movimento negro. É o primeiro estudo que leva em conta o emocional das pessoas negras no Brasil.

Neusa defende que é preciso criar um referencial que não seja o padrão branco da sociedade. Só assim, as pessoas negras vão conseguir se afirmar, ter autoestima e a saúde mental que merecem. "É necessário tornar-se negro", ela disse. E ela não está falando da cor da pele com que cada um nasce, mas de uma nova consciência e de um orgulho próprio que criem essa identidade negra. Os textos de Neusa são até hoje uma referência da psicologia negra. Ela inspirou filmes, estudos, coletivos e uma infinidade de pessoas negras que conseguiram se enxergar finalmente a partir dela.

NASCIDA EM 1948 - FALECIDA EM 20 DE DEZEMBRO DE 2008

BRASIL

ILUSTRADA POR
DAIANE LUCIO

"ASSIM, SER NEGRO NÃO É UMA CONDIÇÃO DADA. É UM VIR A SER. SER NEGRO É TORNAR-SE NEGRO."
—NEUSA SANTOS SOUSA

NZINGA DE NDONGO E MATAMBA

RAINHA

Era uma vez uma garota que nasceu na família que governava o reino de Ndongo, atual Angola. O nome dela era Nzinga (ou Ginga, como a conhecemos no Brasil). Na época, o reino foi dominado pelos portugueses, que raptaram todos do reino e os enviaram para o outro lado do oceano para serem comercializados como pessoas escravizadas.

O pai de Nzinga queria que ela fosse uma guerreira forte e inteligente. Por isso, Nzinga estudou política, português e aprendeu a lutar.

Depois da morte do pai, o irmão de Nzinga ascendeu ao trono, mas não conseguiu derrotar os portugueses. Ele implorou para a irmã ajudá-lo a negociar um acordo de paz porque, além de falar português fluentemente, Nzinga era uma negociadora excelente, e ela concordou em ajudar.

Quando a princesa chegou à reunião, viu o governador português sentado em uma cadeira alta. Para ela, havia apenas um tapete jogado no chão. Nzinga se recusou a sentir-se inferior e não se sentou.

Apesar de terem chegado a um acordo, não durou muito. Quando o irmão morreu, Nzinga tornou-se rainha e governou por 40 anos, lutando contra os portugueses. Uma de suas táticas era colocar espiões entre os capturados pela escravidão para que eles trouxessem informações sobre o exército inimigo. Ela sempre levava a melhor.

A rainha Nzinga construiu um reino poderoso e lutou por seu povo até idade avançada. Depois, quando a Angola declarou independência do governo português, os angolanos passaram a sempre celebrar a rainha Nzinga como uma líder destemida e heroica.

NASCIDA POR VOLTA DE 1583 - FALECIDA EM 17 DE DEZEMBRO DE 1663

ANGOLA

ILUSTRADA POR
JOELLE AVELINO

OCTAVIA E. BUTLER

ESCRITORA

Quando Octavia era jovem, ela viu um filme bobo de ficção científica chamado *Devil Girl from Mars* [*A garota diabólica de Marte*, em português] e pensou: *Eu posso escrever coisa melhor*. Então ela escreveu.

Octavia cresceu imersa no fantástico mundo dos quadrinhos. Ela lia devagar, e escrevia ainda mais lentamente. Ela tinha **dislexia** e fobia social, mas estava determinada a colocar seus pensamentos no papel.

Apesar da dificuldade para aprender, Octavia conquistou seu diploma em história e estudou escrita criativa na Universidade da Califórnia. Suas histórias eram arrepiantes ficções científicas, cheias de aliens, mutantes, viagens espaciais, vampiros, viajantes no tempo e personagens com poderes como o da telecinese, ou seja, podem mover objetos apenas com o pensamento. Nenhum personagem era perfeito, pois ela não acreditava em um mundo com finais felizes. Seus personagens eram todos falhos e caóticos, sempre lutando pela sobrevivência.

As editoras não pareciam interessadas em livros assim, ainda mais escritos por uma mulher negra que cometia erros de ortografia, por isso foi rejeitada muitas vezes.

Octavia nunca parou de escrever. Mesmo quando trabalhava em vários empregos ao mesmo tempo, acordava de madrugada para escrever suas histórias. Ela reescrevia cada livro, vez após vez, colocando os personagens em situações ainda mais imprevisíveis e dramáticas.

Em dezembro de 1975, ela enfim vendeu um romance! Dali em diante, publicou mais doze, além de nove contos! E todos representavam muito bem sua imaginação vívida. A criança tímida e sonhadora de Pasadena, na Califórnia, tornou-se uma lenda da ficção científica.

NASCIDA EM 22 DE JUNHO DE 1947 – FALECIDA EM 24 DE FEVEREIRO DE 2006
ESTADOS UNIDOS

"CADA HISTÓRIA QUE CRIO, ME CRIA. EU ESCREVO PARA ME CRIAR."
—OCTAVIA E. BUTLER

ILUSTRADA POR
VALENCIA SPATES

OLIVE MORRIS

ATIVISTA

Era uma vez uma menina chamada Olive, que nasceu na Jamaica e se mudou para um bairro chamado Brixton, em Londres, quando tinha 8 anos. Muitos a consideravam tagarela, mas, na verdade, era corajosa. Ela enfrentava injustiças.

Quando tinha 17 anos, Olive viu um homem de origem africana sendo espancado pela polícia. Na época, a lei permitia que policiais revistassem qualquer pessoa, sem necessidade de provas. Eles supunham que o homem tinha roubado um carro caro, apenas por conta da cor da sua pele. Horrorizada, Olive correu para ajudar, a polícia a algemou e mesmo assim ela continuou protestando. Então, eles a prenderam e bateram nela também.

Seu trabalho lutando contra o **racismo** apenas começava. Ela chamou atenção para a **discriminação** na educação, naquela feita pela polícia e nos projetos habitacionais do governo.

Em 1972, muitas pessoas de Brixton estavam na lista de espera por uma casa do governo. *Por quê?*, pensou Olive. *Por que há tantas pessoas sem moradia ou famílias vivendo em condições precárias quando há tantos edifícios vazios?*

Para chamar atenção ao assunto, Olive e outros ativistas começaram a invadir e morar nessas propriedades abandonadas. Se ficassem bastante tempo, poderiam exigir o direito de morar ali. Aquela foi uma maneira de conseguir casas para quem precisava!

Na Universidade de Manchester, Olive trabalhou com mulheres negras para exigir um ensino melhor para seus filhos.

Embora tenha morrido jovem, aos 27 anos, Olive deixou um **legado** extraordinário. "Se ela estivesse viva", sua irmã disse, "ainda estaria lutando".

NASCIDA EM 26 DE JUNHO DE 1952 – FALECIDA EM 12 DE JULHO DE 1979

JAMAICA E REINO UNIDO

"MEU CORAÇÃO SEMPRE ESTARÁ EM BRIXTON."
—OLIVE MORRIS

ILUSTRADA POR
MONET KIFNER

PATRICIA BATH

OFTALMOLOGISTA E INVENTORA

Um dia, Patricia inventou um dispositivo para que os cegos pudessem enxergar. Não era magia – era ciência.

Sua curiosidade começou com um kit de química e foi alimentada por várias pilhas de livros dados pela mãe ao longo dos anos.

Patricia fez o ensino médio em apenas dois anos e seguiu o caminho até a faculdade de medicina. Enquanto estudava, ficou fascinada pela visão, e decidiu se tornar **oftalmologista**. Trabalhando numa clínica comunitária, ela notou que havia o dobro de pessoas negras cegas ou com problemas de visão do que brancas.

Por que será?, Patricia se questionou. Ela conduziu uma pesquisa para descobrir e a resposta era simples: falta de acesso a cuidados médicos adequados. Ela também encontrou a solução. Treinou voluntários para ir até as comunidades, educar as pessoas sobre o cuidado com os olhos e conduzi-las até as clínicas. A solução fácil salvou a visão de muita gente.

Em seguida, ela se propôs a encontrar uma maneira mais segura de remover uma catarata – que acontece quando parte do olho fica opaca, deixando a visão borrada. Se não for tratada, a catarata pode cegar.

Médicos estadunidenses zombaram da ideia, então Patricia foi para a Europa. Lá, ela aprimorou sua pesquisa. Por fim, em 1988, patenteou a Laserphaco Probe. Sua invenção simplificou a cirurgia ocular e também a deixou menos dolorosa. Com essa ferramenta cirúrgica a laser, ela podia restaurar a visão de pessoas que eram cegas há muitos anos.

Patricia não deixou que as dúvidas dos outros a impedissem de seguir seu caminho. Ela dizia: "Lembre-se de que os limites da ciência não são os limites da imaginação".

NASCIDA EM 4 DE NOVEMBRO DE 1942 – FALECIDA EM 30 DE MAIO DE 2019

ESTADOS UNIDOS

"[MEUS PAIS] ACREDITAVAM QUE COM A EDUCAÇÃO, EU PODERIA SER DONA DO MUNDO."
—PATRICIA BATH

ILUSTRADA POR
NAOMI ANDERSON-SUBRYAN

PHIONA MUTESI

ENXADRISTA

Phiona procurava comida quando foi parar em um clube de esportes. Para sua surpresa, o irmão dela estava lá jogando uma partida de xadrez. O treinador que dirigia o clube, Robert, notou Phiona espiando pela fresta e a convidou para jogar.

Phiona morava em Katwe, uma favela enorme em Uganda, com a mãe e dois irmãos. A mãe não tinha dinheiro para pagar a escola, então Phiona parou de estudar aos 6 anos. Ela caminhava por duas horas todos os dias apenas para buscar água limpa e ajudava a mãe a vender milho. Com o dinheiro, elas compravam arroz e chá.

No começo, Phiona jogava xadrez de qualquer jeito, sacrificando peças importantes apenas para vencer logo. O treinador a aconselhou a ser mais paciente. Phiona escutou e, dentro de um ano, estava vencendo partidas contra o melhor jogador do clube e contra o próprio Robert!

Logo, Phiona passou a competir em campeonatos avançados, contra estudantes universitários, e em campeonatos nacionais. Aos 11 anos, ganhou seu primeiro campeonato e manteve o título por três anos!

As notícias a respeito do talento de Phiona se espalharam rapidamente. Ela e mais dois membros da equipe foram convidados para o Torneio Infantil de Xadrez Internacional da África, que ocorreria no Sudão. Eram os mais novos e levaram o troféu para casa.

Um jornalista escreveu um livro sobre Phiona que foi adaptado para um filme chamado *Rainha de Katwe*. Com o dinheiro que ganhou, ela pôde, enfim, comprar uma casa para a família e voltar a estudar.

O treinador de Phiona ensinou-lhe um conhecimento que mudou sua vida. Atualmente, Phiona ensina outras crianças a jogar xadrez.

NASCIDA EM 1996
UGANDA

"QUANDO JOGO XADREZ,
NÃO TENHO MEDO. SEI
QUE POSSO VENCER."
—PHIONA MUTESI

ILUSTRADA POR
ONYINYE IWU

POLY STYRENE

ROQUEIRA PUNK

Era uma vez uma garota que abalou a cena musical do punk underground, um estilo rápido, barulhento e intenso. Com o pai somaliano e a mãe de origem escocesa e irlandesa, Marianne Joan Elliot-Said, "Mari" para os amigos, era bagunceira e muito criativa desde a infância. Com sua máquina de costura, comprava roupas em brechós e as remodelava em casa. Saía em aventuras sozinha e encenava peças no quintal com os amigos.

Aos 15 anos, Mari largou a escola e saiu de casa. Se meteu em muitas encrencas e foi pega furtando uma loja. Em vez de pagar a fiança, a mãe insistiu que ela prestasse o serviço comunitário. Depois, os pais a mandaram para o interior, onde viveu no campo e das coisas que cultivava lá.

Em 1977, Mari formou uma banda com pessoas que conheceu depois de publicar um anúncio no jornal para "Jovens punks que querem se unir". A banda recebeu o nome de X-Ray Spex [Óculos de Raio X, em tradução livre] – inspirado pela ficção científica – e combinava saxofone com lamentosos riffs de guitarra. Mari era uma das poucas mulheres vocalistas na cena punk.

Mari criou um personagem para o palco: Poly Styrene, inspirado pelo material plástico leve e descartável, o poliestireno. Em seus shows, ela usava vestidos de plástico com cores vibrantes, como laranja, verde e cor-de-rosa. Cobria seus cachinhos com um capacete do exército e usava óculos enormes. Ela usava com orgulho aparelho nos dentes. Mari e a banda tocavam em clubes alternativos e produziam cartazes com recortes de jornal.

A jovem punk havia encontrado um local ao qual pertencia.

NASCIDA EM 3 DE JULHO DE 1957 – FALECIDA EM 25 DE ABRIL DE 2011

REINO UNIDO

ILUSTRADA POR
KYLIE AKIA ERWIN

"MEU PÚBLICO ERA…
GATOS DE RUA.
ELES FORAM MINHA
PRIMEIRA PLATEIA."
—POLY STYRENE

QUEENDOM

GRUPO DE ARTE PERFORMÁTICA

A pequena Asta cresceu na Noruega sem nunca ver alguém parecido com ela na televisão. Com mãe norueguesa e pai ugandense, ela era tratada de maneira diferente por conta da cor de sua pele e ficava imaginando onde poderia se encaixar. Mas não era a única a pensar sobre isso.

No final da década de 1990, Asta juntou-se a um grupo de jovens ativistas que lutava por **justiça social**. Lá, encontrou outras quatro mulheres afro-norueguesas – Monica, Hannah, Haddy e Isabell. Algumas eram pessoas **birraciais**, com apenas um dos pais de origem norueguesa, outras haviam emigrado para o país. As cinco amavam cantar, escrever e atuar.

Todas conheciam a dor de se sentirem não pertencentes a um grupo ou lugar. Mas se recusavam a continuar aguentando essa imposição. Eram mulheres negras e norueguesas, pertencentes à comunidade norueguesa. Contariam suas histórias! Em 1999, as amigas montaram o primeiro grupo performático do país composto apenas por mulheres negras. Chamaram-no de Queendom [Domínio das Rainhas, em tradução livre].

Usando humor, música ao vivo e poesia, elas contavam seus problemas com **racismo** e **sexismo**. Criaram quatro produções teatrais de comédia, um programa de TV, um livro e um álbum de música. Se apresentaram em centenas de shows.

Com o passar do tempo, o grupo foi se desfazendo e, em 2019, o grupo acabou ficando com apenas duas das fundadoras, Asta e Monica, que lançaram um álbum novo, chamado *MamaLove*. Continuaram a apresentar seu show voltado para crianças, o "Afropean Journey" [Jornada Afropeia, em tradução livre], com músicas animadas que misturam estilos africanos com pop, soul e reggae. "Levantem-se, rainhas!", elas dizem. "Com microfones, canetas, teclados e vozes poderosas, o futuro será criado."

FUNDADO EM 1999

NORUEGA

"QUEENDOM É UM LOCAL ONDE AS RAINHAS MANDAM!"
—QUEENDOM

ILUSTRADAS POR
NYANZA D

REBECA ANDRADE

GINASTA

Era uma vez uma garota que gostava de dar cambalhotas e saltos. Desde os 4 anos, Rebeca fazia ginástica olímpica em um programa para crianças de baixa renda da cidade dela. Rebeca se apaixonou pelo esporte – e ele se apaixonou por ela. Muito boa nas acrobacias, a menina ganhou um apelido do qual era muito orgulhosa: Daianinha de Guarulhos. Ela era chamada assim por causa de Daiane dos Santos, uma das maiores ginastas do Brasil e ídola de Rebeca. Desde cedo, todo mundo conseguia ver que a garotinha tinha tudo para ser tão boa quanto Daiane.

Ela começou a competir em campeonatos profissionais com 13 anos. E ganhou de primeira! Apesar do enorme talento, Rebeca teve de enfrentar dois desafios. O primeiro foi físico: quando machucou o joelho e teve que passar por três cirurgias que a deixaram fora de competições que ela queria muito participar. O segundo foi mental: Rebeca chegou a pensar em desistir. Depois de um dos machucados, a menina ligou para a mãe, muito triste, e disse que queria parar de treinar. Mas a mãe lembrou Rebeca de seu amor pela ginástica e que por isso valia a pena insistir e batalhar para melhorar. E não é que ela tinha razão?

Assim, Rebeca foi para as Olimpíadas de Tóquio! Ganhou uma medalha de ouro e duas de prata, e se tornou a primeira brasileira a conquistar uma medalha de ginástica olímpica! Quatro anos depois, nas Olimpíadas de Paris, conquistou mais quatro medalhas – uma de ouro, duas de prata e uma de bronze - se tornando a maior medalhista olímpica do Brasil.

De volta para casa, Rebeca continuou treinando ginástica, mas também decidiu seguir outro caminho. Ela começou a fazer faculdade de **psicologia**. Seu objetivo é ajudar pessoas que, como ela, passaram por momentos difíceis e mostrar que dá, sim, para superar o que parece ser impossível.

NASCIDA EM 8 DE MAIO DE 1999

BRASIL

"VOU USAR MINHA
VOZ PARA FALAR
POR PESSOAS
CONSTANTEMENTE
SILENCIADAS."
—REBECA ANDRADE

ILUSTRADA POR
THAMILES BRITO

RITA BOSAHO

POLÍTICA

A bebê Rita nasceu em um pequeno país da África central chamado Guiné Equatorial. Lar de gorilas, chimpanzés, leopardos e crocodilos, é uma região de clima tropical. Na época, o país era governado pela Espanha.

Rita tinha apenas 4 anos de idade quando os pais morreram. Um militar espanhol passou a cuidar dela e Rita se mudou para a Espanha com a nova família **adotiva**. Até a universidade, ela sempre foi a única estudante negra de sua turma.

Na Espanha, Rita lia muitas histórias negativas sobre os povos africanos, mas nunca acreditou nelas. Seus pais adotivos lhe ensinaram sobre igualdade e justiça. E quando ela cresceu, compartilhou sua compaixão por meio da enfermagem.

Quando um partido político na Espanha disse que queria ver mais pessoas não brancas envolvidas na política, Rita pensou: *por que não tentar?* Ela não tinha nenhuma experiência política, mas sabia que era uma oportunidade para lutar pela justiça em nome das mulheres e dos menos favorecidos.

Depois de 23 anos como enfermeira, Rita acrescentou seu nome à lista de candidatos ao **parlamento**. E ganhou, tornando-se a primeira mulher negra no parlamento espanhol!

"Muitas pessoas não entendem que sou espanhola. Veem que sou negra e pensam que essas duas coisas não combinam", Rita disse. Apenas por ir ao trabalho todos os dias, ela está mudando a vida das pessoas.

NASCIDA EM 21 DE MAIO DE 1965
GUINÉ EQUATORIAL E ESPANHA

"SOMOS APENAS PESSOAS COMUNS TENTANDO MUDAR AS INSTITUIÇÕES DESSE PAÍS."
—RITA BOSAHO

ILUSTRADA POR
KEISHA MORRIS

ROSETTA THARPE

GUITARRISTA

A menina chamada Rosetta nasceu para tocar guitarra. Aos 4 anos, dedilhou suas primeiras notas. Aos 6, tocava música gospel com a mãe nas igrejas do sul do país. Pequenina, era colocada em cima do piano para a plateia poder enxergar o "Milagre na Guitarra".

Rosetta ouviu jazz e blues pela primeira vez quando se mudou para Chicago. Ela queria tocar de tudo e, nas suas experimentações, criou um novo som. Na época, não havia muitas mulheres guitarristas. E ninguém mais misturava religião com música popular como Rosetta.

Outras cantoras se apresentavam apenas na igreja. Rosetta não! Ela levava sua música gospel poderosa para clubes noturnos e teatros. Encantava a plateia, balançando os quadris e tirando altos sons da guitarra elétrica.

Conhecida como Sister Rosetta Tharpe, ela viajou pelos Estados Unidos e, com sua banda, divertiu casas lotadas. Por conta da **segregação**, ela não podia ficar nos mesmos hotéis e comer nos mesmos restaurantes que seus companheiros brancos de banda. Mesmo assim, Rosetta continuou arrasando e teve uma carreira animada que durou 50 anos.

Apesar de ter sido a primeira superestrela gospel, Rosetta também foi uma pioneira do rock. Sua música influenciou outras lendas do estilo: Elvis Presley estudou suas palhetadas; Chuck Berry imitou seu estilo; e Johnny Cash declarou que ela foi uma de suas primeiras heroínas.

Infelizmente, Rosetta e sua música inovadora ficaram esquecidas por um tempo. Mas agora todo mundo sabe que ela é a Madrinha do Rock and Roll!

NASCIDA EM 20 DE MARÇO DE 1915 – FALECIDA EM 9 DE OUTUBRO DE 1973

ESTADOS UNIDOS

ILUSTRADA POR
AISHA AKEJU

"NENHUM HOMEM
TOCA COMO EU. TOCO
MELHOR DO QUE
QUALQUER UM DELES."
—ROSETTA THARPE

ROXANNE SHANTÉ

RAPPER

Era uma vez uma menina que entrava em batalhas de rima em vez de brigas.

Nesses espaços, ela usava palavras como espadas para aniquilar a competição, ganhar dinheiro e espalhar seu nome pelo bairro. Ela dizia o máximo de rimas que conseguia e o mais rápido possível também.

Quando fez 14 anos, um DJ influente a convidou para gravar sua primeira música no estúdio dele, chamada "Roxanne's Revenge" [A vingança de Roxanne, em tradução livre]. Ela foi até o microfone e despejou seus sentimentos na letra. Logo na primeira vez, ela fez uma canção que vendeu mais de 250 mil cópias! Depois do hit, adotou o nome artístico de Roxanne Shanté.

A música iniciou uma nova batalha de rap, na qual rappers se zoavam. Nas "Guerras de Roxanne", ela sempre levava a melhor.

As pessoas admiravam Roxanne por seu estilo livre e por bolar rimas na hora. Apesar de ganhar a maior parte das batalhas, grande parte dos rappers homens não suportava perder para ela. Um dos juízes uma vez lhe deu nota baixa só para impedir sua vitória.

Embora Roxanne nunca tenha ficado super-rica, ela ganhou respeito. Gravou dois álbuns e manteve seu dom afiado enfrentando qualquer um que a desafiasse.

Infelizmente não recebia o que lhe era de direito. Um dia, encontrou uma cláusula num contrato antigo que obrigava a gravadora a pagar pelos estudos dela. Roxanne lutou para que a empresa cumprisse o acordo e obteve um PhD em **psicologia**. Ela abriu as portas para rappers mulheres e inspirou inúmeras garotas a levantar a voz com orgulho.

NASCIDA EM 9 DE NOVEMBRO DE 1969
ESTADOS UNIDOS

ILUSTRADA POR
FANESHA FABRE

"EU ME DESCREVO COMO FEMINISTA... PRECISAMOS FALAR SOBRE ISSO. AS MENINAS PRECISAM FALAR SOBRE ISSO."
—ROXANNE SHANTÉ

RUANE E SHEILA JETER

INVENTORAS

Ruane tinha um talento muito especial: conseguia transformar qualquer objeto comum em algo novo. Enquanto aprendia a projetar equipamentos domésticos na faculdade, focou em uma torradeira.

Ela desenhou incontáveis rascunhos em busca do design certo. Quando a torradeira ficou com o formato de V e inclinada para o lado, Ruane soube que sua ideia estava pronta e a nomeou "Tiltster". Os buracos agora ficavam de frente para quem fosse usar, facilitando posicionar o pão. Não havia mais alavancas nem botões. Foi a primeira torradeira com display digital, que permitia a configuração do "ponto" da torrada, mais claro ou mais escuro.

Ruane sabia que tinha inventado algo brilhante, e não queria que ninguém roubasse seu produto. Para isso, ela precisava patentear a invenção. Depois de preencher a papelada, enviou os esboços detalhados e, em três anos, ela conseguiu!

Essa pode ter sido a primeira invenção de Ruane, mas não foi a última. Ela fez muitas parcerias para projetar ferramentas médicas, como um bisturi cirúrgico. Ruane também se juntou à irmã, Sheila, para melhorar o design de muitos equipamentos caseiros e de escritório. As irmãs até criaram uma ferramenta prática com muitas funções, como grampear, extrair grampos, apontar, calcular, furar, medir e balançar!

Essas irmãs inteligentes podem até parecer desconhecidas, mas suas ideias e designs estão gravados na história da inovação.

RUANE JETER, NASCIDA EM 7 DE MAIO DE 1959
SHEILA JETER, NASCIDA EM 5 DE SETEMBRO DE 1955

ESTADOS UNIDOS

"DESENVOLVER PRODUTOS É A MINHA PAIXÃO."
—RUANE JETER

ILUSTRADAS POR JONELL JOSHUA

RUTH E. CARTER

FIGURINISTA

Com esboços, tecidos e equipamentos de costura, Ruth ajudou a criar mundos novos. Ela fez figurinos para figuras históricas, super-heróis e outros personagens de filmes. Ela os vestiu com ternos e sapatos de couro lustrosos, tênis e camisetas, alguns vestidos arrebatadores com estampas africanas, outros brilhantes com miçangas e, o mais famoso de todos, um uniforme preto lustroso com orelhas e garras de gato.

Tudo começou na infância, quando sua mãe colocou os filhos em um curso de arte, no qual Ruth aprendeu sobre dança, tambores, poesia e música africanas. Lá, começou a esboçar seus designs, e vivia com os dedos escurecidos pelo pó de carvão.

Depois da faculdade, ela criou figurinos para produções teatrais e cuidava dos tecidos delicados. Certa vez, saiu dos bastidores para olhar para a plateia e encontrou a mãe.

"Você fez quatro anos de faculdade para lavar roupa?", a mãe perguntou.

"Ainda estou trilhando meu caminho, mãe", Ruth respondeu, tentando não revirar os olhos.

A carreira de Ruth não teve nada a ver com lavar roupa. Ela lia cada roteiro com cuidado e anotava detalhes. Pesquisava arquivos fotográficos, e escolhia com cuidado cores e estampas adequados ao tom e período de cada filme. Para o filme *Pantera Negra*, ela estudou a moda de tribos africanas: Xhosa, Zula, Himba e Maasai.

Ruth trabalhou em mais de sessenta filmes e programas de televisão. Foi indicada ao Oscar três vezes, e, enfim, ganhou a estátua dourada pelo trabalho em *Pantera Negra*.

NASCIDA EM 10 DE ABRIL DE 1960
ESTADOS UNIDOS

ILUSTRADA POR
JEANETTA GONZALES

"EU SÓ QUERO QUE AS PESSOAS DE AGORA E DO FUTURO ASSISTAM AOS MEUS FILMES E ENTENDAM QUE EU ERA UMA DEFENSORA DA CULTURA."
—RUTH E. CARTER

RYANE LEÃO

POETA E PROFESSORA

Era uma vez uma menina que tinha palavras mágicas. As coisas que Ryane escrevia tinham o poder de aliviar o coração e de ajudar a curar os machucados da alma. No começo, ela tinha vergonha de compartilhar o que escrevia. *E se as outras pessoas não gostarem?*, ela pensava. Isso mudou quando começou a ler a obra de mulheres negras, como ela, e sobre a importância do feminismo negro. Isso a fez entender que as suas palavras mágicas podiam ser essenciais para outras pessoas também.

Ryane começou a compartilhar seus poemas nas redes sociais. Neles, ela escrevia sobre os relacionamentos, a tristeza, o amor, a vida. E provou que estava certa: muitas pessoas começaram a ler e acompanhar as coisas que publicava. As palavras mágicas de Ryane ressoavam para muita gente.

Mas ela queria mais, por isso além de ser poeta, Ryane encontrou outra vocação: ser professora. Ela tem uma escola voltada para mulheres negras, em que oferece aulas de inglês para empoderar mais e mais essas garotas e ajudá-las a crescer em todas as áreas da vida. A ideia de Ryane é fazer essas mulheres perceberem que são verdadeiras rainhas, e que podem tudo! Isso é o verdadeiro motor da mudança que Ryane quer ver (e fazer) no mundo. Um passo de cada vez, uma pessoa de cada vez.

Depois de um tempo compartilhando seus escritos na internet, Ryane conseguiu realizar um sonho: seus poemas viraram livros de muito sucesso. A garota só cresceu desde então, e já foi até capa de revista. Ryane continua espalhando suas palavras com poder de cura pelo mundo e ajudando a fazer outras mulheres negras como ela a descobrirem que são poderosas e que podem mudar a realidade do mundo.

NASCIDA EM 19 DE JANEIRO DE 1989
BRASIL

"MULHER, PADRÕES SÓ EXISTEM PARA A GENTE QUEBRAR."
—RYANE LEÃO

ILUSTRADA POR THAMILES BRITO

SAMARRIA BREVARD

SKATISTA

A louca jornada de Samarria começou na quadra de basquete do condomínio onde vivia aos 13 anos. Ela fazia cestas quando viu o irmão e alguns amigos andando de skate, então largou a bola e gritou: "Minha vez!".

Foi a primeira vez que Samarria subiu em um skate e achou gostoso deslizar pelo asfalto. Gostou tanto que comprou um para ela e não se arrependeu.

No começo, não era tão boa, caía muito, rolava e torcia o calcanhar. Não conseguia fazer nenhuma manobra e demorou horas e horas para melhorar.

Samarria começou em rampas, depois foi para as ruas do sul da Califórnia. Nelas, encontrava diversos obstáculos divertidos. Aprendeu a pular no ar, acima de escadas ou saltar para a calçada. Como os heróis do videogame, rolava pelo pavimento e deslizava sobre corrimões íngremes. Aprendia novas manobras com vídeos e outros skatistas, e se tornou parte de um grupo unido, focado em conseguir as manobras mais absurdas.

A manobra favorita dela era o "tre flip", um movimento avançado, no qual o skate gira 360 graus, antes de o skatista pisar nele de novo. Samarria dominou essa manobra que a ajudou a ganhar a medalha de prata em uma competição de esportes radicais chamada X-Games. Agora, ela quer mostrar suas manobras assombrosas nas Olimpíadas.

NASCIDA EM 22 DE SETEMBRO DE 1993
ESTADOS UNIDOS

ILUSTRADA POR
SHAREE MILLER

"PARA MIM, ANDAR DE SKATE É COMO MEDITAR."
—SAMARRIA BREVARD

SANDRA AGUEBOR-EKPERUOH

MECÂNICA

Aos 13 anos, Sandra teve um sonho incrível e acordou sabendo que seu futuro era consertar carros. Os pais a mandaram esquecer essa história. "Garotas não são mecânicas", disseram. No entanto, o pai de Sandra a levou para sua oficina.

Quando chegaram lá, ela viu um motor desmontado. Estava coberto de óleo... e ela se apaixonou na hora! Queria aprender tudo sobre aquele motor e como consertá-lo. Desse dia em diante, Sandra passou a trabalhar na oficina todos os dias depois da escola.

A mãe de Sandra tentava mantê-la ocupada em casa, mas Sandra nunca ficava cansada o suficiente. Ela terminava as tarefas e corria para a oficina.

Sandra cresceu e abriu a própria oficina.

Ela também começou a Iniciativa Lady Mechanic [Mecânica para Garotas, em tradução livre], para ensinar mecânica de automóveis para outras mulheres. Depois de ajudar tantas mulheres cujos carros quebravam em lugares perigosos, Sandra quis ensiná-las a consertar os próprios carros para nunca ficarem desamparadas outra vez. Ela dá mentoria para mulheres de todas as classes sociais e garante que aprendam muito bem como o carro funciona, assim como consertá-los caso haja falhas.

Como primeira mecânica da Nigéria, Sandra já treinou mais de setecentas mulheres, que foram contratadas em oficinas por todo o país, mostrando aos seus companheiros de trabalho que, sim, é claro que uma mulher pode ser mecânica!

NASCIDA EM 1972
NIGÉRIA

ILUSTRADA POR
JONELL JOSHUA

"SOU COMO UMA LOCOMOTIVA QUE NÃO PODE SER PARADA."
—SANDRA AGUEBOR-EKPERUOH

SANITÉ BÉLAIR

COMBATENTE PELA LIBERDADE

No século XVII, a França ocupou uma ilha chamada São Domingos, atualmente conhecida como Haiti. Eles escravizaram os habitantes locais, vendendo-os para quem pagasse mais e obrigando-os a trabalhar em fazendas. Cansados dos maus-tratos, alguns fugiram para se esconder nas montanhas e formaram uma comunidade. Conhecidos como *maroons*, ajudavam a libertar outras pessoas, atacando os colonizadores franceses, e, assim, dando tempo para os companheiros haitianos fugirem. Uma menina chamada Sanité foi uma delas.

Com 15 anos Sanité se casou com Charles Bélair, um general da brigada de Toussaint Louverture, líder da **revolução** haitiana. Ela e Charles lutaram lado a lado contra os franceses durante seis anos. Uma guerreira feroz, chegou ao posto de tenente no exército de Toussaint.

Porém, o comandante da milícia francesa queria acabar com a resistência haitiana. E desejava que a população escravizada soubesse que, quem tentasse se libertar, seria morto!

Sanité e seus companheiros *maroons* não recuaram.

Quando Sanité foi capturada, Charles se rendeu para não serem separados e o casal acabou sendo julgado junto. Charles foi sentenciado à morte por fuzilamento e Sanité à decapitação.

Sanité recusou-se a colocar a cabeça no cepo de decapitação, insistindo que merecia a morte honrada de um soldado, ou seja, por fuzilamento, como o marido. Ela negou o uso de uma venda enquanto era levada para a morte. Quando os soldados se preparavam para atirar, Sanité gritou: "Vida longa à liberdade! Abaixo a escravidão!".

NASCIDA POR VOLTA DE 1781 – FALECIDA EM 5 DE OUTUBRO DE 1802

HAITI

ILUSTRADA POR
ANJINI MAXWELL

"VIDA LONGA
À LIBERDADE!
ABAIXO A
ESCRAVIDÃO!"
—SANITÉ BÉLAIR

SASHA HUBER

ARTISTA

A família de Sasha era uma grande colcha de retalhos. Ela tinha parentes em dez países! Cresceu na Suíça, país de seu pai, mas sempre se sentiu conectada com a terra natal da mãe, o Haiti.

As meninas da escola de Sasha faziam aula de artesanato, mas ela optou pela aula de desenho técnico, feita em geral por meninos. Estudante talentosa, decidiu fazer da arte uma carreira. Estudou design gráfico na universidade e trabalhou como artista visual na Suíça, Itália e Finlândia.

Sasha baseou boa parte do seu trabalho na história **colonial** do Haiti. Usava uma pistola de grampos para fazer retratos de Cristóvão Colombo e dos governantes britânicos que dominaram o Haiti muito tempo atrás. Para ela, a grampeadora era como uma arma, e lembrava a dor dos haitianos escravizados.

Um dia, a irmã de Sasha lhe deu um livro sobre o comércio de escravizados na Suíça, um assunto ignorado na escola. Ali, ela leu que a montanha Agassizhorn fora nomeada em homenagem ao glaciologista Louis Agassiz, um cientista respeitado, que também foi um racista terrível, conhecido por maltratar e humilhar pessoas escravizadas no século XIX. Sasha juntou-se ao autor do livro numa campanha para renomear o lugar como Renty, em homenagem a um homem escravizado por Agassiz.

Sasha gravou a história de Renty numa placa de metal, entrou num helicóptero e voou até o topo da montanha. Lá, atravessou a neve grossa até o local onde uma placa semelhante com o nome de Agassiz ficava, removeu a placa antiga e colocou a nova no lugar.

Sasha acredita que a arte pode mudar as coisas.

NASCIDA EM 24 DE ABRIL DE 1975

SUÍÇA E FINLÂNDIA

ILUSTRADA POR
TIFFANY BAKER

"VOCÊ PODE CRIAR UM
MUNDO EXATAMENTE
COMO QUER QUE ELE SEJA,
E ISSO O TORNA REAL."
—SASHA HUBER

SHIRLEY CHISHOLM

POLÍTICA

Shirley era filha de pais **imigrantes** e nasceu em Nova York. Na infância, ela também passou sete anos maravilhosos na ilha paradisíaca de Barbados, com a avó. Lá, pegou o sotaque, foi bem-educada e desenvolveu uma autoconfiança sem limites.

Na faculdade, Shirley ficava frustrada por mulheres nunca serem eleitas ao conselho estudantil. Então, fez campanha para duas garotas que concorriam. Também ajudou a criar um clube para mulheres negras que eram impedidas de participarem dos clubes de estudantes brancas.

Depois de formada, Shirley trabalhou com educação, dedicando seu tempo e energia para grupos ativistas e políticos. Depois de vinte anos, decidiu concorrer em uma eleição. Era uma estrela em ascensão! Em 1946, Shirley juntou-se à Assembleia Estadual de Nova York. Quatro anos depois, ela se tornou a primeira mulher negra a ser eleita no Congresso estadunidense!

Em 1972, Shirley mudou o mundo outra vez: foi a primeira mulher e a primeira pessoa preta a concorrer à presidência dos Estados Unidos por um partido grande. Com muita determinação, lançou a campanha: "Não me vendo nem obedeço ordens" ("Unbought and Unbossed"). O slogan deixava claro que prestava contas apenas ao povo estadunidense. Ela não tinha muito dinheiro para a campanha e enfrentava muitas ameaças raivosas e **discriminação** de gênero, mas não desistiu. Ela até processou – e ganhou – pelo direito de participar de um debate televisivo!

Embora tenha perdido as primárias do partido Democrata, Shirley permaneceu no Congresso por mais sete mandatos, onde corajosamente defendeu aqueles que costumam ser ignorados: mulheres, minorias e os pobres.

NASCIDA EM 30 DE NOVEMBRO DE 1924 – FALECIDA EM 1º DE JANEIRO DE 2005

ESTADOS UNIDOS

ILUSTRADA POR
OLIVIA FIELDS

"SE NÃO TE DEREM UM LUGAR À MESA, LEVE SUA PRÓPRIA CADEIRA."
—SHIRLEY CHISHOLM

SIMONE MANUEL

NADADORA

Quando tinha 4 anos, Simone estava à beira da piscina e observava as outras famílias brincando. A água reluzente aos seus pés parecia perigosa e encantadora.

Assim que Simone entrou, amou. Ela nadou de ponta a ponta pela piscina no seu segundo dia de aulas. Tentou balé, vôlei, futebol e basquete – mas sempre voltava para a água.

Aos 9 anos, Simone entrou para a equipe de natação da região e começou a competir. Seus braços musculosos cortavam a água com movimentos graciosos. Quanto mais treinava, mais rápida ficava. Mas ela olhava em volta e se perguntava: *Por que nem um dos outros nadadores se parece comigo?*

Simone continuou nadando e logo estava pronta para competições nacionais e internacionais. Até bateu alguns recordes antes de terminar o ensino médio. Ainda assim, Simone se sentia deslocada. Era incômodo só ser conhecida como "a nadadora negra". Por que ela não podia ser apenas Simone, a nadadora?

Simone entrou para a equipe da universidade. Então, aos 19 anos, qualificou-se para as Olimpíadas de 2016. Na disputa dos cem metros, Simone voou pela piscina em 52 segundos. Tocou a parede ao mesmo tempo que outra nadadora, Penny Oleksiak, do Canadá. Juntas, quebraram o recorde olímpico e empataram pelo ouro.

Sendo a primeira mulher preta a ganhar uma medalha de ouro na natação, Simone disse: "Essa medalha não é apenas para mim, mas para todas as pessoas que vieram antes... e por todas que virão depois de mim e acham que não são capazes de conseguir."

NASCIDA EM 2 DE AGOSTO DE 1996
ESTADOS UNIDOS

"DEIXE SUA PAIXÃO SER SUA BÚSSOLA PARA ALCANÇAR O IMPOSSÍVEL."
—SIMONE MANUEL

ILUSTRADA POR
DANIELLE ELYSSE MANN

SONIA GUIMARÃES

PROFESSORA DE FÍSICA

Era uma vez uma menina chamada Sonia que buscava a resposta para todos os problemas.

Sonia era ótima em matemática e achava que queria ser engenheira. Foi a primeira pessoa de sua família a entrar na faculdade, e lá encontrou um novo amor: a **física**. Então, ela mudou de curso e se tornou uma dentre as únicas cinco mulheres na turma de física com cinquenta homens.

Ela dava conta das matérias, mas percebeu que as pessoas supunham coisas por conta da cor de sua pele e de seu gênero. Um professor, certo dia, lhe falou que mulheres não precisam de física na vida, então ela não deveria se preocupar em conseguir uma bolsa de estudos. Sonia tentou se inscrever para a bolsa mesmo assim.

Quando ela conquistou o título de PhD na Inglaterra, tornou-se a primeira pessoa negra a ter o título de doutora em física no Brasil. Ela voltou para as terras brasileiras e se juntou ao maior instituto tecnológico do país, o ITA (Instituto Tecnológico de Aeronáutica), como a primeira professora negra. Na época, essa escola não aceitava nem estudantes mulheres.

Muitos membros do corpo docente foram cruéis com Sonia. Reclamavam do jeito que ela se vestia e falavam que ela não era uma boa professora. Ninguém a defendia. Um tempo depois foi transferida para outra escola. Mais tarde, quando o responsável pela sua transferência se aposentou, Sonia voltou ao instituto e assumiu a vaga dele!

Sonia publicou sua pesquisa pioneira em revistas científicas internacionais. Ela apoia outras mulheres que trabalham com ciências. E ainda busca soluções para todos os problemas que vê.

NASCIDA EM 26 DE JUNHO DE 1957

BRASIL

ILUSTRADA POR
FANESHA FABRE

"TENHA EM MENTE: 'EU SOU A PESSOA MAIS INTELIGENTE DO MUNDO', E VÁ ATRÁS DO QUE VOCÊ QUISER."
—SONIA GUIMARÃES

$$j = \frac{-i\hbar}{2m}(\Psi^* \nabla \Psi - \Psi \nabla \Psi^*)$$

$$= \frac{\hbar}{m} \text{Im}(\Psi^* \nabla \Psi)$$

$$= \text{Re}(\Psi^* \frac{\hbar}{im} \nabla \Psi)$$

STEFFI JONES

JOGADORA DE FUTEBOL

Tudo que Steffi sempre quis era jogar futebol. Filha de mãe alemã e de um soldado estadunidense negro, ela e os irmãos foram criados pela mãe em uma região pobre da Alemanha.

Steffi começou a jogar futebol quando tinha 4 anos com o irmão mais velho. A mãe acreditava que aquele era um esporte de "menino", mas Steffi continuou jogando. Na escola, tiravam sarro da cor de sua pele, mas jogar futebol a ajudava a ter confiança para defender a si mesma e aos outros. Suas notas também melhoraram, depois que a mãe notou essas mudanças, também passou a apoiar o esporte.

Steffi nem sabia que havia times de futebol para meninas até completar 14 anos. Em 1993, ela se juntou à seleção feminina alemã. Jogou em 111 partidas internacionais e ganhou duas medalhas olímpicas de bronze. Mesmo campeã mundial, sofria **racismo**. Certa vez, depois de um jogo, Steffi cumprimentou um torcedor, e em resposta recebeu xingamentos. Chocada, ela não conseguiu falar nada. As colegas de equipe correram para defendê-la. Ela contou que saber que o time a apoiava foi uma sensação incrível.

Depois de 31 anos, Steffi parou de jogar e se tornou a primeira treinadora afro-germânica no time feminino alemão.

Dentro e fora dos campos, Steffi lutou pela integração e tolerância racial, também visitou escolas e falou sobre igualdade e suas experiências. Não somente era uma das melhores zagueiras, como também defendia os direitos de mulheres e afro-alemãs.

NASCIDA EM 22 DE DEZEMBRO DE 1972
ALEMANHA

"O FUTEBOL PERMITE QUE MENINAS E MULHERES DESENVOLVAM SUA FORÇA E TAMBÉM HABILIDADES IMPORTANTES PARA A VIDA."
—STEFFI JONES

ILUSTRADA POR
LINDSEY BAILEY

SUAD ALI

CIENTISTA POLÍTICA E ESCRITORA

Era uma vez uma garota chamada Suad, que viajou meio mundo, mas nunca se esqueceu de suas origens. Ela nasceu na Somália durante uma guerra civil terrível. Quando tinha 3 anos, o pai dela tomou a difícil decisão de fugir de sua terra natal, colocando a família num avião e migraram para a Suécia.

No ensino fundamental I, Suad queria ser presidente do conselho estudantil, mas a professora falou que era melhor nem tentar, pois ela não falava sueco tão bem por ser estrangeira. Suad ficou confusa, pois morava na Suécia quase a vida toda! Podia ler e escrever naquela língua muito bem.

Quando ela entrou na universidade, as pessoas a aconselharam a estudar ciências, porque isso garantiria uma boa carreira. Mas Suad já sabia o que queria: trabalhar nas Nações Unidas e lutar por igualdade e direitos humanos. Ela já falava muitas línguas e entendia sobre mais de uma cultura, mas não sabia se eles contratariam uma moça negra que usava **hijab**.

Em 2011, uma fome terrível assolou a Somália. Muitos dos que passavam fome, adoeciam. Suad sabia que precisava ajudar, por isso bateu em cada porta de seu bairro pedindo doações. E conseguiu seis mil dólares! Suad doou o dinheiro para a Cruz Vermelha, que comprou suprimentos e alimentos para o povo da Somália.

Posteriormente, Suad entrou nas Nações Unidas, e dá o seu melhor para ajudar todos que precisam. Ela também escreveu um livro sobre sua experiência como **refugiada**.

NASCIDA EM 5 DE OUTUBRO DE 1990
SOMÁLIA E SUÉCIA

"NINGUÉM MAIS PODE SER VOCÊ,
E ESTE É SEU PODER."
—SUAD ALI

ILUSTRADA POR
ANJINI MAXWELL

SUSANA BACA

CANTORA

Um dia, na América do Sul, peruanos foram escravizados e obrigados a abandonar sua cultura. Após o fim da escravidão, afro-peruanos eram tratados como cidadãos de segunda classe. Muitos não se orgulhavam de serem negros, mas uma garota chamada Susana queria mudar a situação.

Susana cresceu em uma comunidade pobre e afro-peruana. O pai dela tocava violão e a mãe amava dançar. A menina os observava e aprendia tudo isso com eles. Apresentando-se para os vizinhos, ela cantava em um microfone feito de lata presa a um cabo de madeira.

No entanto, como a mãe não queria que Susana se tornasse cantora, ela virou professora. Só que não parou de cantar. Preferindo canções tradicionais afro-peruanas a música pop, ela misturava as músicas folclóricas com ritmos modernos e, frequentemente, usava poemas como letras. Como não conseguiu contrato com uma gravadora, Susana e o marido gravaram um dos shows e criaram seu próprio selo musical para lançar as canções.

Tudo mudou quando um músico estadunidense lançou uma coletânea de músicas afro-peruanas, que incluía a versão de Susana para "Maria Lando". Virou um hit internacional!

Susana se apresenta pelo mundo, deliciando as plateias com sua voz cheia de alma. E desliza descalça pelo palco, com vestidos esvoaçantes. Suas letras tristes sobre orgulho negro são acompanhadas pelo ritmo do *cajón*, uma bateria em formato de caixa sobre a qual o músico se senta e tamborila com as mãos.

Ela compartilha a música de seus ancestrais com orgulho.

NASCIDA EM 24 DE MAIO DE 1944
PERU

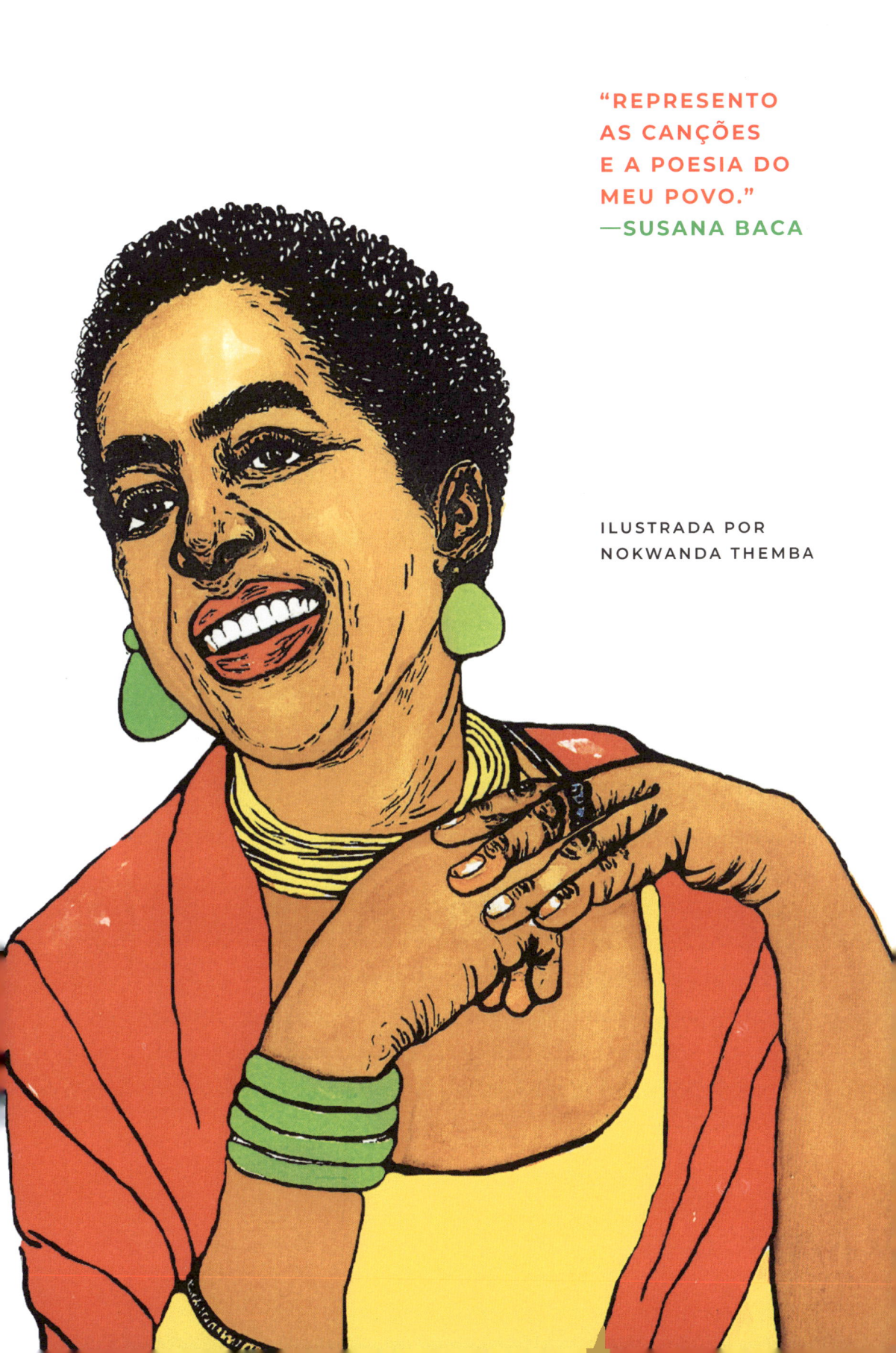

"REPRESENTO AS CANÇÕES E A POESIA DO MEU POVO."
—SUSANA BACA

ILUSTRADA POR NOKWANDA THEMBA

TANIA J. LEÓN FERRÁN

COMPOSITORA E REGENTE

Era uma vez uma menina que ganhou um presente que mudou sua vida. A avó de Tania sabia que ela tinha um talento musical muito especial, e convenceu o conservatório da cidade a dar aulas para a neta quando a menina tinha apenas 4 anos de idade. Um ano depois, o avô lhe deu um piano. As pernas de Tania eram tão curtas que mal alcançavam os pedais!

Ela estudou com afinco e se tornou uma maravilhosa pianista clássica. Essas habilidades musicais garantiram a ela uma bolsa integral em uma universidade dos Estados Unidos.

Tania pensou que ela seguiria carreira no piano clássico, mas seu caminho mudou quando Arthur Mitchell, o primeiro bailarino negro principal do New York City Ballet (a maior companhia de balé da cidade de Nova York), insistiu que ela compusesse uma música para a nova apresentação dele. Ela aceitou o desafio – e gostou tanto que começou a compor peças próprias. A música, as palavras e as histórias fluíam das pontas dos dedos de Tania tão rápido que ela mal conseguia acompanhar sua escrita.

Então, Arthur perguntou se ela gostaria de reger a orquestra para uma performance na Itália e Tania aceitou! Ela balançava a batuta como se conjurasse um feitiço sobre a plateia, comandando a orquestra como uma rainha. No dia seguinte, seu rosto estava estampado em jornais italianos acompanhado de um novo título: regente.

Tania viajou pelo mundo. Suas composições contam sobre momentos históricos e incluem sons de seus ancestrais cubanos, espanhóis, chineses e africanos. Ela acreditava que a música pode quebrar barreiras entre as pessoas e unir os membros da raça humana.

NASCIDA EM 14 DE MAIO DE 1943

CUBA E ESTADOS UNIDOS

"NÓS, MÚSICOS, NOS COMUNICAMOS EM OUTRO NÍVEL, E QUANDO CONSEGUIMOS FALAR ASSIM, É SIMPLESMENTE ESPETACULAR."
—TANIA J. LEÓN FERRÁN

ILUSTRADA POR
KEISHA MORRIS

TAYTU BETUL

IMPERATRIZ

Taytu nasceu na Etiópia, um país repleto de montanhas cobertas de florestas, lagos enormes, savanas agitadas, lindos desertos e vulcões ferozes. Sua família fazia parte da **dinastia** que governava o império etíope.

Inteligente, Taytu lia e escrevia em amárico, a língua de seu país (na época, era muito raro mulheres terem essas habilidades). Taytu amava a Etiópia e sua cultura vibrante. Casou-se com Menelik II, que se tornou imperador.

Em um esforço para proteger a Etiópia das nações europeias, que queriam dominar as africanas, Menelik quis estabelecer uma parceria com a Itália. Ele concordou em assinar um tratado para que as duas nações se tornassem aliadas e parceiras comerciais. No entanto, a imperatriz Taytu – que atuava como conselheira do marido e em quem ele confiava muito – estava desconfiada.

O casal logo descobriu que tinham sido enganados. A versão em amárico do tratado reconhecia a Etiópia como um país independente, mas a versão italiana dizia que a Itália controlava a nação africana.

Taytu ficou furiosa! Ela rasgou o tratado em pedacinhos.

Alguns anos depois, as nações se prepararam para a Batalha de Aduá. Taytu ignorou as sugestões que diziam para ela ficar em casa e manter a paz e a ordem e cavalgou até a frente da batalha, comandando tropas com milhares de soldados e cuidando dos feridos.

Saudada como "Luz da Etiópia", a imperatriz Taytu mudou a história. A força e a estratégia de Taytu ajudaram a Etiópia a vencer!

A Etiópia é o único país da África que nunca foi colonizado.

NASCIDA POR VOLTA DE 1851 – FALECIDA EM 11 DE FEVEREIRO DE 1918

ETIÓPIA

ILUSTRADA POR
GABRIELLE TESFAYE

THOKOZILE MUWAMBA

PILOTA DE CAÇA

Era uma vez uma menininha que queria ver o mundo do alto. Thokozile queria aprender a pilotar os aviões enormes que via no céu. Era um sonho ambicioso para uma menina da Zâmbia, mas ela estava determinada a torná-lo realidade.

Depois do ensino médio, Thokozile não conseguia pagar o curso de aviação, então se matriculou na universidade para estudar matemática e ciências.

No seu primeiro ano, ela ouviu falar que a Força Aérea da Zâmbia estava recrutando mulheres para serem pilotas de caça. Era a chance dela! Sem perder tempo, logo se inscreveu e foi escolhida.

Thokozile tinha uma tia pilota que a encorajava e dava dicas de como ficar calma durante o voo. Depois do treinamento militar, a jovem ficou dois anos aprendendo a voar. O treino era duro, mas ela amava fazer coisas desafiadoras.

Durante o primeiríssimo voo, Thokozile estava nervosa e assustada, mas lembrou-se das palavras sábias da tia, respirou fundo e pilotou o avião com confiança. Esse primeiro voo foi um sucesso! Thokozile sorria de orelha à orelha ao pousar o avião com facilidade.

Poucos anos depois de treinar, ela se tornou pilota de caça, a primeira da Zâmbia! Uma inspiração para todas as mulheres e meninas que sonham em voar alto nos céus, Thokozile está pronta para o próximo desafio: tornar-se a primeira comandante da Força Aérea da Zâmbia.

NASCIDA EM 6 DE MARÇO DE 1992

ZÂMBIA

"ESPERO INSPIRAR MAIS MULHERES A OCUPAREM PAPÉIS DESAFIADORES NA SOCIEDADE."
—THOKOZILE MUWUMBA

ILUSTRADA POR
ASHLEIGH CORRIN

TONI MORRISON

ESCRITORA

Quando Toni estava no ensino médio, vivia com o nariz enfiado nos livros. Ela trabalhava em uma biblioteca arrumando os livros nas prateleiras. Em vez de levar bronca por passar o dia lendo, ela foi promovida.

Na Universidade de Howard, Toni atuava em peças de Shakespeare e lia alta literatura. Havia apenas um problema: seus professores não discutiam nada escrito por autores negros.

Toni ensinou literatura por um tempo, mas então viu uma vaga de emprego que parecia perfeita: editora de livros. Editores decidem quais livros serão publicados. Sendo assim, ela pensou que era hora de ver livros escritos por negros à venda em todas as livrarias. Enquanto publicava livros de pensadores famosos e ativistas, Toni não roubou o holofote dos autores.

Ela escrevia todos os dias. Anotava ideias no trânsito, em reuniões e durante o jantar. Embora trabalhasse em uma editora, publicou em segredo seu primeiro romance, *O olho mais azul*, em 1970. Mas seus colegas de trabalho reconheceram seu talento de imediato e pediram para publicar seus outros livros.

Toni escreveu onze romances, vários livros infantis e algumas coletâneas de contos – todos sobre as dificuldades e as alegrias de pessoas negras, e também sobre as cicatrizes emocionais provocadas pelo **racismo**.

Em 1993, um amigo ligou para Toni e contou que ela tinha ganhado o Prêmio Nobel de Literatura pelo conjunto de sua obra. Toni achou que fosse uma pegadinha. Mas era verdade! Hoje, seus livros é que são organizados nas prateleiras de casas, livrarias e bibliotecas pelo mundo todo.

NASCIDA EM 18 DE FEVEREIRO DE 1931 – FALECIDA EM 5 DE AGOSTO DE 2019

ESTADOS UNIDOS

ILUSTRADA POR
NOA DENMON

"SE VOCÊ QUER MUITO
LER UM LIVRO QUE
AINDA NÃO FOI ESCRITO,
ENTÃO VOCÊ PRECISA
ESCREVÊ-LO."
—TONI MORRISON

VILAREJO DE UMOJA

COMUNIDADE DE MULHERES

Era uma vez um grupo de mulheres que se uniu para criar um lugar seguro para todas as mulheres e meninas. Tudo começou quando uma garota chamada Rebecca se casou muito nova. A comunidade Samburu, de onde ela vinha, tinha a tradição de arranjar casamentos entre meninas e homens adultos.

Rebecca não gostava de como as mulheres eram tratadas no vilarejo, e mostrava para as outras mulheres como podiam se defender. Com raiva, os homens se uniram para puni-la, o marido nem a defendeu quando ela foi espancada. Então, ela o largou e formou seu próprio vilarejo composto apenas por mulheres – onde elas poderiam trabalhar juntas e se proteger.

O vilarejo recebeu o nome de Umoja, que significa "união", em suaíli. Outras mulheres que foram maltratadas se juntaram ao vilarejo. Na cultura Samburu, mulheres não possuem direitos e são tratadas como propriedade, não como seres humanos. Mas, em Umoja, elas são respeitadas e recebem o apoio que merecem.

As mulheres de Umoja constroem suas casas e criam seus filhos juntas. Enquanto as crianças brincam, as mulheres cantam e dançam canções tradicionais.

Para ganhar dinheiro, elas fazem maravilhosas bijuterias de miçangas que vendem para turistas. O dinheiro é dividido entre elas e o que sobra é guardado para emergências. Elas também construíram uma escola com sua renda, na qual as crianças de Umoja e da região podem estudar de graça.

Umoja é o único vilarejo do mundo composto apenas por mulheres.

FORMADO EM 1990
QUÊNIA

"TEMOS QUE TER ORGULHO DE SERMOS MULHERES."
—REBECCA LOLOSOLI

ILUSTRADA POR
BRIA NICOLE

VIOLA DAVIS

ATRIZ

Viola era uma menina que cresceu na extrema pobreza e que estava acostumada a passar fome e ficar sem tomar banho. A família dela era a única negra da cidade, e por ser frequentemente maltratada e xingada, ela se sentia desprezível. Mas encontrou uma válvula de escape poderosa.

Viola ficou encantada pela atriz Cicely Tyson. Era a primeira vez que via uma atriz parecida com ela, com pele escura e lábios carnudos. De imediato, ela quis atuar. Aos 8 anos, Viola entrou num concurso de esquetes com as irmãs e ganharam!

Depois de estudar teatro na faculdade, conseguiu seu primeiro papel em um show da Broadway. Ela ficou tão estressada que seu cabelo até caiu. Sua atuação, no entanto, foi magnífica. E ganhou uma indicação a um prêmio!

A carreira no cinema e na televisão foi mais difícil, mas ela insistiu. Por ter sonhos maiores do que seu medo.

Em sua longa carreira, já atuou como enfermeira, advogada, cantora celebre de blues e mais. Não importa o papel, Viola sempre dá tudo de si. Para retratar uma mãe enfrentando escolhas difíceis, em uma cena de sete minutos e meio, ela se preparou escrevendo uma biografia de cinquenta páginas para a personagem!

Ela é amada por críticos e pelo público. É a única mulher negra até o momento a ter ganhado prêmios de atuação no cinema, na TV e no teatro.

Viola abriu seu próprio caminho a partir da pobreza, e construiu uma carreira de sucesso. Como Cicely Tyson foi para ela, Viola é uma inspiração para garotas negras que se esforçam para serem vistas.

NASCIDA EM 11 DE AGOSTO DE 1965
ESTADOS UNIDOS

ILUSTRADA POR
JOHNALYNN
HOLLAND

"EU ME VEJO EM TANTAS JOVENS QUE QUEREM SER ALGUÉM NA VIDA."
—VIOLA DAVIS

VIOLA DESMOND

EMPRESÁRIA E ATIVISTA

Viola cresceu na Nova Escócia, uma província ao leste do Canadá, e notou que os anúncios para produtos de cabelo eram todos protagonizados por pessoas brancas. Então, quis abrir um salão para mulheres negras e decidiu ser esteticista, mas nenhuma escola de beleza aceitava sua matrícula. Por isso, ela foi para Montreal, depois Atlantic City e, por fim, Nova York para fazer cursos.

Quando Viola voltou para casa, abriu o primeiro salão de beleza especializado em cabelo afro para mulheres da sua cidade. Só que ela ainda queria mais: abriu uma escola para ensinar negócios a mulheres negras e ajudá-las a conseguir emprego.

Certa noite, Viola foi ao cinema. Ela pediu para se sentar perto da tela, para enxergar melhor, mas o gerente não deixou. Ela comprou o ingresso permitido, e, em oposição ao homem, se sentou onde queria. O gerente avisou que ela precisaria mudar de lugar, já que a seção da frente era reservada somente para pessoas brancas. Ele disse que se ela não saísse de onde estava, chamaria a polícia.

Viola manteve-se firme na posição.

Assim que a polícia chegou, a arrastaram para fora do cinema e a colocaram na prisão. Viola também recebeu uma multa, porque disseram que ela não pagou o valor certo do ingresso (mesmo tendo dinheiro). Um tempo depois, tentou processar o cinema por **discriminação**, porém, a Suprema Corte rejeitou o caso.

Os atos corajosos de Viola não foram esquecidos. Décadas depois, o governo canadense concedeu-lhe o perdão oficial. E, em 2018, o país a homenageou por sua luta contra o **racismo** e pela justiça, e sua imagem foi colocada na nota de dez dólares canadense.

NASCIDA EM 6 DE JULHO DE 1914 – FALECIDA EM 7 DE FEVEREIRO DE 1965

CANADÁ

ILUSTRADA POR
LAUWAART

YETNEBERSH NIGUSSIE

ADVOGADA

Quando Yetnebersh tinha apenas 5 anos, sua vida mudou de forma dramática: adquiriu uma infecção terrível que a deixou cega. Apesar disso, ela foi para uma escola especial, onde brincava e ria, aprendia e crescia, como qualquer criança.

Inteligente, Yetnebersh cresceu para se tornar uma líder. No ensino médio, ela comandava o conselho estudantil. Mais tarde, na universidade de Addis Ababa, fundou a primeira associação feminina de estudantes, tornando-se sua presidente. Yetnebersh notava como mulheres e pessoas com deficiência eram tratadas de maneira desrespeitosa, e queria fazer tudo ao seu alcance para mudar isso. Uma vez ela disse: "Comecei a minha luta não para mandar nos outros, mas para provar que sou capaz de contribuir. Tenho apenas uma deficiência, mas 99 habilidades."

Ela se formou em direito e fez mestrado em serviço social, e após trabalhar como voluntária para dezenas de organizações em defesa de pessoas com deficiência, Yetnebersh cofundou uma organização para oferecer ajuda e serviços para pessoas com deficiência. A organização também pressionou empresas, o governo etíope e a sociedade em geral a compreender suas necessidades.

Para providenciar mais apoio aos estudantes, ela abriu uma escola para crianças carentes em Addis Ababa, capital da Etiópia.

Organizações de todo o mundo querem a mentoria de Yetnebersh para ajudá-los a melhorar. No entanto, o foco dela permanece na Etiópia. Ela quer encorajar os jovens do país a melhorarem suas próprias comunidades.

NASCIDA EM 24 DE JANEIRO DE 1982

ETIÓPIA

"É NAS ESCOLAS QUE DEVEMOS PROMOVER A INCLUSÃO DE PESSOAS COM DEFICIÊNCIAS."
—YETNEBERSH NIGUSSIE

ILUSTRADA POR
TIFFANY BAKER

ZAHRA BANI

LANÇADORA DE DARDO

Zahra nasceu na Somália e seu nome significa "flor" em árabe. Quando tinha 10 anos, mudou-se para a Itália com a família. Lá, ela treinou muito e se tornou uma competidora dedicada no lançamento de dardo.

Nesse evento de atletismo, os atletas competem lançando um objeto em forma de lança, leve, com a ponta de metal – o dardo – o mais longe que puderem. Há muito tempo, o dardo era usado para caçar. Mas sua prática se tornou um esporte olímpico por volta de 708 a.C. Como os atletas correm antes de lançar, o dardo pode atingir até cerca de 110 quilômetros por hora. Um único lance pode atravessar todo um campo de futebol americano (que equivale a quase 110 metros)!

Em um dia nublado, no campeonato mundial de 2005, Zahra respirou fundo várias vezes antes do seu último lançamento. Ela apertou o dardo com uma mão, levantou-o acima do ombro e partiu. Ao chegar na linha final, jogou a lança de 2,13 metros com força. Zahra gritou quando o dardo atravessou o ar. Apesar de não ter ganhado uma medalha, ela deu um sorriso largo: tinha batido seu recorde pessoal de 62,75 metros.

No campeonato italiano, Zahra ganhou sete vezes na sua modalidade, também recebeu uma medalha por ser a melhor no dardo.

Orgulhosa e motivada, Zahra postou nas redes sociais: "A gente treina até aos domingos". E ainda assim ela arruma tempo para se divertir com os amigos, frequentar jantares de aniversário e até ver um show da Beyoncé!

Tanto no trabalho, quanto na diversão, Zahra inspira as meninas a viverem do melhor jeito possível.

NASCIDA EM 31 DE DEZEMBRO DE 1979

SOMÁLIA E ITÁLIA

ILUSTRADA POR
MIA SAINE

"SINTO ORGULHO DE SER UM EXEMPLO PARA OS JOVENS. MINHA ANIMAÇÃO NUNCA VAI ACABAR."
—ZAHRA BANI

CONHEÇA MAIS REBELDES!

O primeiro volume de *Histórias de ninar para Garotas Rebeldes* apresenta 100 histórias de mulheres extraordinárias, incluindo estas mulheres negras pioneiras:

ALEK WEK

Era uma vez uma menina chamada Alek, que escapou da guerra no Sudão do Sul. Como supermodelo, sua pele escura fez dela um sucesso instantâneo.

Ilustrada por Bijou Karman

BALKISSA CHAIBOU

Balkissa era uma menina que queria ser médica. Ela lutou muito contra seu casamento arranjado para poder estudar.

Ilustrada por Priya Kuriyan

FADUMO DAYIB

Fadumo passou a infância fugindo da guerra. Ela cresceu e se tornou a primeira mulher candidata à presidência da Somália.

Ilustrada por Lea Heinrich

HARRIET TUBMAN

Era uma vez uma menina que fugiu da escravidão. Ao longo de onze anos, Harriet resgatou centenas de escravizados.

Ilustrada por Sally Nixon

HATSHEPSUT

A poderosa Hatshepsut foi a primeira mulher a se tornar faraó. Ela governou o Egito por 25 anos.

Ilustrada por Eleni Kalorkoti

MAE C. JEMISON

Mae foi uma menina curiosa que estudou para ser médica e astronauta. Ela foi a primeira mulher negra no espaço.

Ilustrada por
Alexandra Bowman

MAYA ANGELOU

Maya era uma menina que não falou pelos cinco primeiros anos de sua vida. Ela se tornou uma escritora renomada e uma voz importante no movimento pelos direitos civis nos Estados Unidos.

Ilustrada por
Thandiwe Tshabalala

MELBA LISTON

Era uma vez uma menina chamada Melba que amava jazz. Ela encantava plateias como a primeira trombonista a tocar em bandas de jazz.

Ilustrada por
Alice Barberini

MICHAELA DEPRINCE

Michaela era maltratada por ter vitiligo. Ela foi atrás de seus sonhos e se tornou bailarina do Balé Nacional Holandês.

Ilustrada por
Debora Guidi

MICHELLE OBAMA

Era uma vez uma garota chamada Michelle que tinha grandes ambições. Ela inspirou inúmeras meninas quando se tornou a primeira primeira-dama negra dos Estados Unidos.

Ilustrada por
Marta Signori

MIRIAM MAKEBA

Miriam usou sua música para chamar atenção ao sofrimento provocado pelo *apartheid*. As pessoas a chamavam de "Mama Africa".

Ilustrada por
Helena Morais Soares

MISTY COPELAND

A jovem chamada Misty amava dançar. Mesmo depois de uma fratura, ela se tornou a primeira mulher negra a ocupar o posto de bailarina principal da Companhia Americana de Balé.

Ilustrada por
Ping Zhu

NANNY, RAINHA DOS MARRONS

A rainha Nanny liderou a fuga de um grupo de pessoas escravizadas chamado *Marrons*. Juntos, eles ergueram um vilarejo chamado Nanny Town.

Ilustrada por
Jeanetta Gonzales

NINA SIMONE

Nina queria que os negros fossem livres e sentissem orgulho. Ela foi uma cantora de jazz aclamada, que derramava sua paixão na música.

*Ilustrada por
T.S. Abe*

ROSA PARKS

Rosa se recusou a ceder seu lugar para um homem branco no ônibus. Esse ato incitou um boicote que levou ao fim da segregação nos ônibus.

*Ilustrada por
Sally Nixon*

SERENA & VENUS WILLIAMS

As irmãs chamadas Serena e Venus amavam jogar tênis. As duas se tornaram número 1 do ranking mundial.

*Ilustrada por
Debora Guidi*

SIMONE BILES

Era uma vez uma menina que voava no ar. O nome dela era Simone, e ela foi a maior ginasta americana.

*Ilustrada por
Eline Van Dam*

WANGARI MAATHAI

Wangari plantou árvores para salvar seu vilarejo queniano. Sua ação iniciou um movimento por toda a África.

*Ilustrada por
Thandiwe Tshabalala*

WILMA RUDOLPH

Uma menina chamada Wilma tinha uma perna paralisada. Isso não a impediu de se tornar a mulher mais rápida do mundo.

*Ilustrada por
Alice Barberini*

YAA ASANTEWAA

Na terra do ouro, uma rainha chamada Yaa liderou um exército de cinco mil soldados. Até hoje cantam em homenagem ao seu espírito guerreiro.

*Ilustrada por
Noa Snir*

Os fãs nos ajudaram a escolher as personagens do *Histórias de ninar para Garotas Rebeldes Volume 2*, que incluem estas mulheres fenomenais:

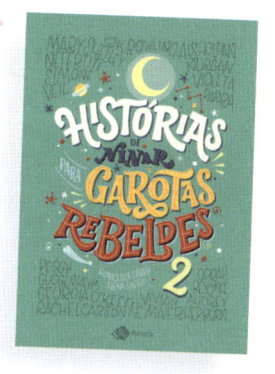

ALICE BALL

Era uma vez uma química chamada Alice, que descobriu a cura para uma doença terrível. Sua contribuição incrível foi reconhecida anos depois.

Ilustrada por Martina Paukova

BEYONCÉ

Beyoncé era uma menina que cantava para uma plateia em casa. Como a cantora mais influente do mundo, ela encanta plateias com sua música, performances e vídeos.

Ilustrada por Eline Van Dam

BLACK MAMBAS

As Black Mambas são guardas-florestais que param os caçadores ilegais na savana do sul da África. Essas heroínas protegem os animais.

Ilustrada por Alice Beniero

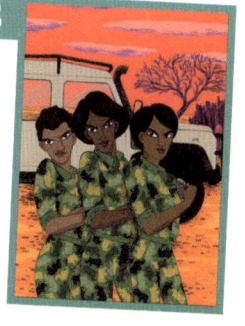

CELIA CRUZ

Era uma vez uma menina chamada Celia, que cantava para fazer os irmãos dormirem. Ela acabou se tornando a Rainha da Salsa.

Ilustrada por Ping Zhu

CHIMAMANDA NGOZI ADICHIE

Uma menina chamada Chimamanda escrevia histórias sobre a Nigéria, migração, gênero e guerra. Hoje, as pessoas compartilham suas palavras para se sentirem empoderadas.

Ilustrada por T.S. Abe

CLEMANTINE WAMARIYA

Clemantine era uma menina que ouvia as histórias mágicas contadas pela avó. Ela cresceu e se tornou uma contadora de histórias e ativista em prol dos refugiados.

Ilustrada por Alice Barberini

KATHERINE JOHNSON, DOROTHY VAUGHAN, MARY JACKSON

Cientistas da computação, Katherine, Dorothy e Mary ajudaram a levar um astronauta para o espaço. São três das figuras mais inspiradoras na área de viagem espacial.

Ilustrada por Cristina Portolano

KHOUDIA DIOP

Era uma vez uma garota chamada Khoudia que foi maltratada por conta da cor de sua pele. Ela se tornou modelo e fez campanha contra o racismo.

*Ilustrada por
Debora Guidi*

LEYMAH GBOWEE

Leymah foi uma mãe solo que liderou um grupo de mulheres em prol da paz. Juntas, elas pararam uma guerra.

*Ilustrada por
Thandiwe Tshabalala*

MADAM C. J. WALKER

Era uma vez uma menina que queria deixar seu cabelo afro saudável. Ela chamava a si mesma de Madame C.J. Walker, e fundou um negócio de imenso sucesso.

*Ilustrada por
Cristina Spanò*

MARY FIELDS

Era uma vez uma menina que sempre ajudava os outros. Ela se tornou uma carteira corajosa com o apelido de "Mary da Diligência".

*Ilustrada por
Amari Mitnaul*

MARY SEACOLE

Uma menina chamada Mary adorava "curar" suas bonecas. Ela se tornou enfermeira na Guerra da Crimeia, e salvou muitas vidas.

*Ilustrada por
Annalisa Ventura*

NEFERTITI

Nefertiti era uma rainha misteriosa que governou o Egito, até que um dia desapareceu. Alguns acreditam que ela passou a se disfarçar de homem.

*Ilustrada por
Eleni Kalorkoti*

OPRAH WINFREY

Era uma vez uma menininha com um vozeirão. Oprah se tornou a rainha dos programas de TV e uma filantropa generosa.

*Ilustrada por
T.S. Abe*

RUBY NELL BRIDGES

A menina chamada Ruby queria estudar. Ela precisou encarar o racismo por ser a primeira estudante negra em uma escola para brancos pós-segregação.

*Ilustrada por
Giulia Tomai*

SOJOURNER TRUTH

Sojourner viajou pelos Estados Unidos para discursar sobre direitos iguais. Em seu famoso discurso, ela questiona: "Eu não sou mulher?".

*Ilustrada por
Cristina Amodeo*

VALERIE THOMAS

Valerie amava o espaço. Ela inventou um aparelho brilhante, chamado "transmissor de ilusão".

*Ilustrada por
Fanesha Fabre*

Histórias de ninar para Garotas Rebeldes: 100 mulheres imigrantes que mudaram o mundo conta as histórias de mulheres notáveis que deixaram sua terra natal para fazer história em um novo lar. O livro inclui estas a seguir, e muitas outras de mulheres que ousaram seguir seus sonhos.

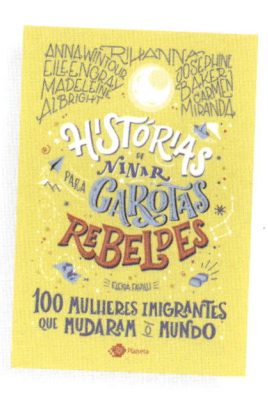

ANNE WAFULA STRIKE

Era uma vez uma menina chamada Anne, que ficou doente e seu corpo ficou paralisado. Ela se recusou a ficar parada e ganhou uma medalha na Copa Mundial Paralímpica.

*Ilustrada por
Luisa Rivera*

CHINWE ESIMAI

Uma menina chamada Chinwe notou que imigrantes, como ela, sempre tentavam passar despercebidos. Ela começou um blog para ajudar mulheres imigrantes a se tornarem líderes.

*Ilustrada por
D'Ara Nazaryan*

CLAUDIA RANKINE

Claudia fala sobre assuntos difíceis em sua escrita. Ela ganhou muitos prêmios por sua poesia.

*Ilustrada por
Nicole Miles*

EDMONIA LEWIS

Era uma vez uma garota de origem africana e indígena. Edmonia foi a primeira mulher não branca dos Estados Unidos a se tornar escultora profissional.

Ilustrada por Monica Ahanonu

ELIZABETH NYAMAYARO

Desde pequena Elizabeth sonhava em trabalhar para as Nações Unidas. E seu desejo tornou-se realidade! Ela trabalhou numa campanha mundial para equidade de gênero.

Ilustrada por Marian Bailey

HAZEL SCOTT

Hazel era uma garota que tocava piano com perfeição. Ela entrou na Juilliard, renomada escola de música, com apenas 8 anos!

Ilustrada por Sabrena Khadija

ILHAN OMAR

Falaram para Ilhan que ela tinha o espírito de uma rainha poderosa. Ela quebrou barreiras ao se tornar a primeira estadunidense de origem somaliana com um cargo na Câmara dos Deputados dos Estados Unidos.

Ilustrada por Alessandra De Cristofaro

JAWAHIR JEWELS ROBLE

Era uma vez uma garota que jogava futebol sempre que podia. Mais tarde, JJ se tornou a primeira árbitra de futebol muçulmana.

Ilustrada por Veronica Ruffato

JOSEPHINE BAKER

Josephine era uma garota que encantava as plateias e lutava por igualdade. Quando cresceu, ela se tornou artista, agente da Resistência Francesa e ativista pelos direitos civis.

Ilustrada por Tyla Mason

LUPITA NYONG'O

Lupita já era adulta quando admitiu que queria ser atriz. Ela ganhou o Oscar e usou sua fama para tratar de assuntos importantes e celebrar a negritude.

Ilustrada por Monica Ahanonu

MERLENE JOYCE OTTEY

Era uma vez uma menina chamada Merlene que corria como o vento. Sua medalha olímpica foi a primeira conquistada por uma mulher caribenha.

Ilustrada por Luisa Rivera

NADINE BURKE HARRIS

Nadine era uma garota que queria ser pediatra. Ela foi a primeira chefe de saúde pública da Califórnia, e ajudava crianças a lidarem com estresse pós-traumático.

*Ilustrada por
Veronica Carratello*

PNINA TAMANO-SHATA

Pnina era uma mulher de origem judaica nascida na Etiópia. Como advogada, lutou contra a discriminação.

*Ilustrada por
Olivia Fields*

RAPELANG RABANA

Rapelang era uma garota que queria ser empresária. E abriu uma empresa para ajudar as pessoas a melhorarem na escola e no trabalho.

*Ilustrada por
Michelle D'Urbano*

RIHANNA

Era uma vez uma menina que amava se apresentar para o público. Rihanna foi catapultada para o estrelato como cantora e criou sua própria linha de cosméticos e moda.

*Ilustrada por
Jestenia Southerland*

ROSE FORTUNE

No verão, Rose patrulhava a beira do mar e evitava que as pessoas quebrassem as regras. Hoje em dia ela é reconhecida como a primeira policial do Canadá.

*Ilustrada por
Sabrena Khadija*

SURYA BONALY

Quando Surya patinava, fazia arte no gelo. Ela criou um movimento ousado que virou sua marca registrada e entrou para a história da patinação artística.

*Ilustrada por
Juliette Léveillé*

TIMNIT GEBRU

Timnit cresceu em uma família que amava números e ciência. Não demorou para ela mesma criar programas de inteligência artificial inovadores.

*Ilustrada por
Aurélia Durand*

VELMA SCANTLEBURY

Era uma vez uma menina que queria ser médica. Velma se tornou a primeira cirurgiã afro-americana especializada em transplantes cardíacos.

*Ilustrada por
Irene Rinaldi*

Histórias de ninar para Garotas Rebeldes: 100 brasileiras extraordinárias traz as histórias de brasileiras que traçam uma imagem de passado, presente e prospecção de um futuro brilhante para as próximas gerações.

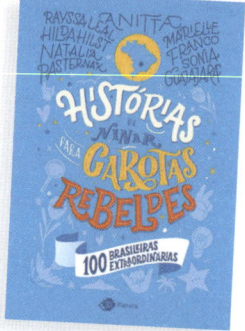

ÁDRIA SANTOS

Era uma vez uma menina que adorava correr, mas não enxergava. Ela não deixou que isso a impedisse de viver seu sonho e se tornou a maior atleta paralímpica da história do Brasil!

Ilustrada por Mayara Smith

ANA FONTES

Ana sempre sonhou com um mundo com mais inclusão. Por isso, criou uma rede de apoio que ajuda a capacitar mais de meio milhão de mulheres que querem iniciar ou aprimorar seus negócios.

Ilustrada por Luísa Fantinel

CAROLINA MARIA DE JESUS

Carolina nasceu muito pobre, mas nunca perdeu seu amor por cadernos e livros. Ela escrevia sobre o seu dia a dia na favela do Canindé e sobre as dificuldades que as pessoas pobres enfrentavam. Esse caderno se tornou uma das maiores obras da literatura brasileira: *Quarto de despejo*.

Ilustrada por Gabi Tozati

CHICA DA SILVA

Era uma vez uma garota que nasceu escravizada, mas conseguiu se tornar uma das figuras mais importantes de Diamantina, Minas Gerais.

Ilustrada por Ana Generoso

CHIQUINHA GONZAGA

Em uma época em que as mulheres não podiam ter profissão, Chiquinha Gonzaga escolheu ser professora de piano para se sustentar sozinha. Ela foi a primeira mulher a reger uma orquestra no Brasil.

Ilustrada por Brunna Mancuso

CONCEIÇÃO EVARISTO

Conceição se apaixonou por histórias quando ainda era criança. Essa paixão cresceu com a menina, e ela se tornou uma das maiores autoras do Brasil!

Ilustrada por Marina Venancio

DAIANE DOS SANTOS

Aos 16 anos, Daiane se tornou uma estrela. Ela não só ganhou o campeonato mundial de ginástica como também foi a primeira mulher negra a fazer isso! Ela ganhou vários outros prêmios e, hoje em dia, já aposentada, continua inspirando novas gerações.

Ilustrada por Gabriela Sakata

DJAMILA RIBEIRO

Ainda criança, Djamila notou que não via ninguém parecido com ela na televisão. A menina cresceu e se tornou uma das maiores vozes na luta antirracista, além ser uma estudiosa importante das questões étnico-raciais.

*Ilustrada por
Thamiles Brito*

DONA IVONE LARA

Ivone foi uma enfermeira apaixonada por música. Foi a primeira mulher a assinar um samba-enredo de uma escola de samba e se tornou uma lenda da música brasileira!

*Ilustrada por
The Karynne*

ELIETE PARAGUASSU

Era uma vez uma menina em um paraíso com areia branca e mar azul. Por muito tempo viveu como marisqueira, mas sua casa e local de trabalho foram ameaçados pela poluição de empresas da região. Por conta disso, ela se tornou uma voz ativa sobre proteção ambiental!

*Ilustrada por
Amanda Lobos*

ELZA SOARES

Desde pequena, Elza sonhava em cantar. Aos 16 anos, ela ganhou um concurso de jovens calouros e sua trajetória começou! Durante anos cantou para multidões e foi considerada a "voz do milênio".

*Ilustrada por
Paula Cruz*

ENEDINA ALVES

Apesar de não ser comum para a época, Enedina decidiu cursar Engenharia. Era a única mulher e a única pessoa negra do curso. Se formou e foi uma das responsáveis pela construção de uma das maiores usinas hidrelétricas do Brasil.

*Ilustrada por
Clara Gastelois*

ESTER CARRO

Ester sempre quis que o bairro onde morava fosse mais bonito e agradável. Quando cresceu, se tornou arquiteta e, junto da sua comunidade, transformou um terreno abandonado em parque para as crianças. A partir disso, nasceu o projeto Fazendinhando.

*Ilustrada por
Papoulas Douradas*

FORMIGA

Desde pequena, Formiga é apaixonada por futebol. Ela cresceu e se tornou a primeira futebolista – entre homens e mulheres – a participar de sete Olimpíadas. Além disso, também foi a atleta que mais participou de Copas do Mundo!

*Ilustrada por
Fany Lima*

LÉLIA GONZALEZ

Lélia foi uma estudiosa muito importante sobre a desigualdade no Brasil e na América Latina. Seus textos são considerados um marco no movimento negro.

*Ilustrada por
Adriana Komura*

MARCELLE SOARES-SANTOS

Era uma vez uma garotinha que queria saber sobre tudo. Marcelle se tornou uma astrofísica e é considerada uma das cientistas mais promissoras do mundo!

Ilustrada por Amy N. Maitland

MARIA AUXILIADORA

Maria era uma pintora cuja arte mostrava pessoas negras vivendo a vida em plena potência: namorando, dançando, passeando... Suas pinturas ganharam o mundo e embelezam todos os lugares em que estão.

Ilustrada por The Karynne

MARIA FIRMINA DOS REIS

Maria Firmina escreveu um dos primeiros romances abolicionistas do Brasil, *Úrsula*. O livro passou algum tempo esquecido, até que estudiosos começaram a estudá-lo e a dar a ele o reconhecimento merecido!

Ilustrada por Clara Gastelois

MARIA QUITÉRIA

Maria Quitéria, que sabia cavalgar e atirar muito bem, decidiu lutar na guerra. Mas ela não podia, por ser mulher. Mesmo assim, se vestiu de homem e conseguiu lutar por seu país.

Ilustrada por Ray Cardoso

MARIELLE FRANCO

Desde jovem, Marielle trabalhava pela defesa dos direitos humanos. Mais tarde, se tornou vereadora e continuou denunciando crimes e atitudes que prejudicavam as pessoas da sua comunidade.

Ilustrada por Mayara Smith

MARINA SILVA

Era uma vez uma menina da floresta. Marina cresceu e fez da proteção da floresta uma de suas maiores missões, se tornando a senadora mais jovem do Brasil. Em 2023, ela se tornou Ministra do Meio Ambiente.

Ilustrada por Laura Athayde

MELÂNIA LUZ

Era uma vez uma menina que amava correr. Melânia começou a treinar com muito afinco para se tornar cada vez melhor. E conseguiu! Ela foi a primeira brasileira negra a competir nos Jogos Olímpicos!

Ilustrada por Amanda Lobos

MESTRA JOANA

Era uma vez uma menina que cresceu no meio de tambores, agbês, atabaques e outros instrumentos lindos. Joana cresceu e virou líder de uma nação de maracatu, apesar de as pessoas acharem que aquele posto não deveria ser ocupado por uma mulher.

Ilustrada por Juliana Rabelo

PANMELA CASTRO

Panmela queria se expressar e encontrou a maneira perfeita: o grafite! Na arte, ela viu um modo de conscientizar as pessoas sobre a violência doméstica.

Ilustrada por Joanna Maciel

RAYSSA LEAL

Desde pequena, Rayssa fazia manobras radicais com seu skate. Ela treinava muito e se dedicava a ficar cada vez melhor. Com apenas 13 anos, Rayssa ganhou a medalha de prata e se tornou a medalhista brasileira mais jovem da história.

Ilustrada por Ju Kawayumi

ROBERTA ESTRELA D'ALVA

Era uma vez uma menina que adorava palavras e a cultura hip-hop. Um dia, ela descobriu o *slam*, que é uma competição de poesia falada. Roberta trouxe esse conceito para o Brasil e se tornou pioneira na cena.

Ilustrada por Ju Kawayumi

RUTH DE SOUZA

Desde pequena, Ruth sonhava em ser atriz. Ela cresceu e, apesar das dificuldades, conseguiu realizar seu sonho. Em 1953, foi indicada ao Leão de Ouro. Essa também foi a primeira vez que uma atriz brasileira foi indicada ao troféu.

Ilustrada por Fany Lima

VERONICA OLIVEIRA

Quando era pequena, Veronica via a avó trabalhando como faxineira e notava como algumas pessoas não a tratavam bem. Ela cresceu e se tornou uma das principais vozes da luta pelo trabalho justo no Brasil.

Ilustrada por Brunna Mancuso

ZEZÉ MOTTA

Era uma vez uma menina que queria ser cantora e atriz, mesmo contra a vontade da mãe. Determinada, ela realizou seu sonho. Hoje, Zezé conta com mais de trinta filmes e quarenta novelas no currículo.

Ilustrada por Tamiles Brito

ZICA ASSIS

Zica adorava seu cabelo natural, mas reparou que muitas pessoas tinham preconceito. Ela decidiu fazer um curso de cabeleireira e abrir seu próprio salão. Atualmente, ela tem mais de quarenta salões e atende quase 130 mil mulheres por mês!

Ilustrada por Caroline Bogo

ESCREVA SUA HISTÓRIA

Era uma vez,

DESENHE SEU RETRATO

ATIVIDADES

DEIXE SUA IMAGINAÇÃO BRILHAR

Leia sobre Garotas Rebeldes como a cantora Aretha Franklin e a roteirista Issa Rae. Então, deixe a sua criatividade funcionar!

1. A música "Respect", de Aretha Franklin, se tornou um hino para mulheres de todo o mundo. Você consegue escrever uma música que celebre as meninas? Pense em uma frase ou palavra poderosa, encaixe numa melodia, e CANTE!
2. Imagine que você é uma roteirista como Issa. Pense em uma cena entre duas pessoas. O que faz cada personagem especial e interessante? O que você pode fazer para que essa cena seja interessante? Quando terminar, escreva um diálogo (as falas que cada personagem diz um para o outro).
3. Os quadros de Chido Govera e Patricia Bath foram feitos com colagens de papel, os retratos de Sanité Bélair e Suad Ali foram feitos com aquarelas. Escolha uma imagem e crie um retrato (seu ou de outra pessoa) no mesmo estilo.

PLANEJE, CONSTRUA E CRESÇA!

A arquiteta Beverly Lorraine Greene, as inventoras Ruane e Sheila Jeter e a produtora de cogumelos Chido Govera são mulheres inventivas. Pessoas inventivas experimentam novas ideias, projetam edifícios, criam dispositivos e realizam experimentos.

1. Imagine um arranha-céu, um shopping, ou uma casa futurística. Desenhe! Adicione notas sobre detalhes que fazem seu projeto inteligente e único.
2. Qual brinquedo, aparelho ou outro item do seu dia a dia você acha que pode ser melhorado? Coloque-se no lugar de Ruane e Sheila e invente um objeto doméstico ou engenhoca que seja melhor do que as que existem atualmente.
3. Peça para um adulto lhe ajudar a comprar e plantar sementes – ou você pode tentar cultivar cogumelos como Chido! Teste diferentes quantidades de água e luz até encontrar a medida certa para fazer os seus cogumelos, flores, vegetais, ou outras plantas florescerem.

FORTALEÇA SEU CORPO E SUA MENTE

Celebre as campeãs como a tenista Naomi Osaka, a instrutura de yoga Jessamyn Stanley e a aventureira Barbara Hillary com essas atividades.

1. Atletas como Naomi precisam se manter em forma e também manter seus músculos flexíveis para que não se machuquem quando forem correr, pular e se mover. Pense em uma série de alongamentos que contemple os braços, pernas e costas. Se alongue por dez minutos todas as manhãs.
2. Resistência física também necessita de treinamento mental. Escolha um mantra ou autoafirmação que a faça se sentir forte e poderosa. E, da próxima vez que você fizer yoga (como Jessamyn!), pular corda ou desafiar um amigo em uma corrida, repita o seu mantra para você mesma e se esforce um pouco mais.
3. Pegue um caderno e vá passear com algum responsável. Escreva o que você vê, que cheiro sente e que barulhos escuta ao longo dessa caminhada. Como Barbara, pule bastante para celebrar quando chegar ao seu destino final!

LIDERE

Leia sobre líderes como a ambientalista Kristal Ambrose, as jornalistas Ida B. Wells e Joy Reid e as mulheres do vilarejo de Umoja. Pense sobre o que as ações delas significam para você. Depois, enfrente os desafios abaixo.

1. Siga os ensinamentos de Kristal e escolha um problema que afeta o planeta Terra. Como você pode ajudar? Invente um plano de ação para mostrar aos seus amigos, família ou grupo local. Deixe que o grupo saiba o que pode fazer para gerar algum impacto. Também funciona se você preferir agir nos bastidores e se juntar a um grupo ambientalista já existente!
2. Pense como Ida e Joy e escreva uma notícia sobre algum problema que é importante para você. Compartilhe com a sua família, sua professora, colegas ou até com o jornal local da sua cidade.
3. Você gostaria de viver em uma comunidade como o vilarejo de Umoja? Se fosse possível para você organizar sua própria comunidade, como seria esse lugar? Quem você convidaria para viver nessa comunidade com você? Quais tipos de leis você promulgaria? Faça uma lista!

GLOSSÁRIO

ADOTIVA (adjetivo) – quem dá ou recebe cuidados familiares sem ser necessariamente ligado pelo sangue.

ANCESTRALIDADE (substantivo) – a identidade familiar transmitida através de gerações, formada por etnia, tradições culturais e outras crenças.

BIRRACIAL (adjetivo) – quem tem pais de dois grupos raciais diferentes.

COLONIAL (adjetivo) – se refere à situação em que um país exerce controle sobre outro país ou área.

CONSERVAÇÃO (substantivo) – um movimento focado em proteger animais, plantas e coisas encontradas na natureza, além de fazer o uso consciente dos recursos naturais como água ou árvores, para que não sejam desperdiçados.

DINASTIA (substantivo) – a família ou grupo que governa um país ou região por um longo período de tempo.

DISCRIMINAÇÃO (substantivo) – o tratamento injusto de uma pessoa ou grupo, com base na cor de sua pele, idade, gênero ou religião.

DISLEXIA (substantivo) – um problema de aprendizado com o qual a pessoa tem dificuldade em conectar letras, números e símbolos, dificultando a leitura, escrita e a soletração.

DIVERSIDADE (substantivo) – a inclusão ou envolvimento de pessoas com diferenças – na cor de pele, etnia, porte ou não de deficiência, idade, aparência, cultura, linguagem, religião – em quaisquer atividades.

ENGENHARIA AEROESPACIAL (substantivo) – o campo da engenharia que lida com o desenvolvimento de aeronaves e naves espaciais.

ESTERIÓTIPO (substantivo) – a ideia ou representação injusta e falsa de uma pessoa ou grupo.

FÍSICA (substantivo) – um campo da ciência que foca em energia, matéria, movimento e força.

HIJAB (substantivo) – vestuário tradicional utilizado por mulheres muçulmanas que cobre a cabeça e o pescoço.

IGUALITÁRIO (adjetivo) – justo.

IMIGRANTE (substantivo) – uma pessoa que vai para um país diferente para viver lá permanentemente.

JUSTIÇA SOCIAL (substantivo) – a visão de que todos merecem acesso igualitário à riqueza, privilégios e oportunidades.

LATINE (adjetivo) – uma alternativa com gênero neutro para as palavras "latino" e "latina" para descrever pessoas de ascendência latino-americana.

LEGADO (substantivo) – a marca que uma pessoa deixa no mundo que continua viva mesmo depois que eles param de trabalhar ou falecem.

MESTIÇA (adjetivo) – quem tem pais de dois ou mais grupos raciais.

MOVIMENTO DOS DIREITOS CIVIS (substantivo) – uma luta de décadas por justiça e igualdade para estadunidenses negros que ocorreu principalmente nos anos de 1950 e 1960.

OFTALMOLOGIA (substantivo) – um campo da medicina focado no estudo e tratamento de distúrbios e doenças relacionadas aos olhos.

PARLAMENTO (substantivo) – um grupo de pessoas eleitas que são responsáveis pela criação de leis em certos modelos de governos.

PARTEIRA (substantivo) – alguém treinado para auxiliar mulheres durante o parto.

POPULAÇÃO MISCIGENADA (substantivo) – grupo de pessoas de diferentes etnias ou raças, formando uma mistura de culturas e características.

PROCLAMAÇÃO DE EMANCIPAÇÃO (substantivo) – uma ordem emitida pelo presidente Abraham Lincoln que libertou todas as pessoas escravizadas nos estados dos Estados Unidos que tinham se separado da União no período que antecedeu a Guerra Civil.

PRODUTORA EXECUTIVA (substantivo) – a pessoa que financia ou supervisiona o trabalho de todos os outros produtores durante a criação de um filme, programa de TV ou outro tipo de performance.

PSICOLOGIA (substantivo) – o estudo da mente e do comportamento humano.

RACISMO (substantivo) – a crença de que certos grupos raciais são superiores ou inferiores a outros, frequentemente levando ao tratamento violento ou injusto de pessoas baseado na cor de sua pele ou etnia.

REFUGIADO (substantivo) – uma pessoa que é forçada a sair de seu país por causa de guerra, exílio, por desastres naturais ou motivos políticos ou religiosos.

RENASCENÇA DO HARLEM (substantivo) – uma explosão cultural de literatura, arte e música feita por pessoas negras, centralizada no bairro do Harlem na cidade Nova York durante as décadas de 1920 e 1930.

REVOLUÇÃO (substantivo) – quando pessoas tentam derrubar um governo.

SEGREGAÇÃO (substantivo) – o ato de isolar ou separar pessoas com base na cor de sua pele, religião, classe econômica ou outro fator.

SEGUNDA GERAÇÃO (adjetivo) – referente aos filhos de imigrantes que nasceram no país escolhido por seus pais.

SEXISMO (substantivo) – comportamento que discrimina outra pessoa por causa de seu gênero, criando desigualdades e estereótipos sobre o que meninos e meninas podem ou devem fazer.

SINDICATO (substantivo) – um grupo de trabalhadores que se juntam para proteger seus direitos trabalhistas.

TRANSGÊNERO (adjetivo) – quando a identidade de gênero de uma pessoa não é a mesma que lhe foi atribuída no nascimento.

UNÂNIME (adjetivo) – quando todos os membros de um grupo concordam totalmente sobre uma decisão.

SOBRE AS AUTORAS

CASHAWN THOMPSON (prefaciadora) é a mente brilhante por trás do Black Girls Are Magic [Garotas Negras são Mágicas] e da *hashtag* #BlackGirlMagic. Ela acredita no poder e na capacidade fenomenais de mulheres e meninas negras. Defensora apaixonada do trabalho, da vontade e das maravilhas das mulheres negras, CaShawn advoga por muitas causas, tanto online quanto no seu dia a dia. Ela vive próxima de sua cidade natal, Washington D.C., num lugar chamado Mount Rainier, em Maryland, com o marido, dois gatos e vários filhos e netos que a visitam diariamente.

DIANA ODERO (autora) é uma escritora que mora em Nairóbi, no Quênia, com muitas publicações nas áreas de estilo de vida, negócios e turismo. Curiosa para conhecer o mundo, ela estuda diferentes continentes e é bacharel e mestre, respectivamente, na Universidade de Chapman (Orange, Califórnia) e na Universidade de Westminster (Londres, Inglaterra). Ela é apaixonada por ver mulheres atingirem o sucesso e passou a maior parte da carreira escrevendo sobre grandes mulheres fazendo coisas incríveis! Amante dos gatos, Diana ama viajar, ler, comer em confeitarias e caminhar pela praia.

JESTINE WARE (autora) é uma mulher negra e queer que escreve para a Heartland Alliance como bolsista. É também editora, escritora e coach de escrita nas horas vagas. Editou obras de literatura infantil, como *Madam C.J. Walker Builds a Business*, *Ada Lovelace Cracks the Code*, *Dr. Wangari Maathai Plants a Forest* e *Junko Tabei Masters the Mountains*. Seus quadrinhos, poemas, contos e atividades também apareceram na série *Ladybug, Babybug, Spider, Cobblestone, Muse, Click*, no podcast das Garotas Rebeldes e nas revistas da Cricket Media. Em qualquer projeto que embarca, Jestine defende com paixão aqueles que não se veem representados com precisão – principalmente as comunidades de pessoas pardas, pretas, latinas, LGBTQIAPN+ e pessoas com deficiência. Nascida em Nova York, Jestine vive em Chicago com suas filhas de pena, Owl e Sunny. No seu tempo livre, ela é leitora voraz, entusiasta de quadrinhos, jardineira, amante de quebra-cabeças, e escritora principiante de ficção científica afrofuturista, contos de fada e contos de não ficção.

LILLY WORKNEH (editora, autora) é uma jornalista premiada e apaixonada por contar histórias impactantes. Trabalhou como editora-chefe na *Blavity News*, onde dirigiu a missão da companhia de destrinchar e celebrar muitos aspectos da comunidade millennial negra. Antes, ela havia liderado *HuffPost Black Voices*. É uma das trinta pessoas com menos de 30 anos homenageada pela *Forbes*. Lilly é uma Garota Rebelde, que acredita de coração no poder que as histórias têm de mudar pontos de vistas, expandir a imaginação e aprofundar a compreensão, ajudando a construir um futuro melhor para todos.

SONJA THOMAS (autora) sempre quis ser escritora, mas tinha medo. Então, se tornou contadora. Um dia, ela disse: "Chega!", e foi atrás de seus sonhos. Agora ela escreve histórias para crianças de todas as idades, geralmente falando sobre meninas corajosas e simples que fazem coisas extraordinárias. Seu primeiro romance, para pré-adolescentes, chamado *Sir Fig Newton and the Science of Persistence* saiu em março de 2022 pela Aladdin/Simon & Schuster. Nascida na Flórida central, ela atravessou o país para "explorar" a região do oeste dos Estados Unidos.

ILUSTRADORAS

Sessenta mulheres e pessoas de gêneros marginalizados do mundo todo retratam as figuras Rebeldes deste livro.

ABELLE HAYFORD, ESTADOS UNIDOS
ADESEWA ADEKOYA, ESTADOS UNIDOS
ADRIANA BELLET, SUÉCIA
AISHA AKEJU, ESTADOS UNIDOS
ALEXANDRA BOWMAN, ESTADOS UNIDOS
ALICIA ROBINSON, ESTADOS UNIDOS
ALLEANNA HARRIS, ESTADOS UNIDOS
AMARI MITNAUL, ESTADOS UNIDOS
ANA MARIA SENA, BRASIL
ANJINI MAXWELL, SUÉCIA
ASHLEIGH CORRIN, ESTADOS UNIDOS
AURÉLIA DURAND, FRANÇA
BRIA NICOLE, ESTADOS UNIDOS
CAMILLA RU, REINO UNIDO
CARMÉLIA BRISSI, COSTA DO MARFIM
CHERISE HARRIS, BARBADOS
CLAIRE IDERA, NIGÉRIA
COZBI A. CABRERA, ESTADOS UNIDOS
DAIANE LUCIO, BRASIL
DANIELLE ELYSSE MANN, ESTADOS UNIDOS
DATA ORUWARI, NIGÉRIA
ELIZABETH MONTERO SANTA, REPÚBLICA DOMINICANA
FANESHA FABRE, ESTADOS UNIDOS
FER RODRIGUES, BRASIL
GABRIELLE FLUDD, ESTADOS UNIDOS
GABRIELLE TESAFAYE, ESTADOS UNIDOS
JACQUELYN B. MOORE, ESTADOS UNIDOS
JEANETTA GONZALES, ESTADOS UNIDOS
JOELLE AVELINO, CONGO E ANGOLA
JOHNALYNN HOLLAND, ESTADOS UNIDOS
JONELL JOSHUA, ESTADOS UNIDOS
KATELUN C. BREWSTER, TRINIDADE E TOBAGO
KEISHA MORRIS, ESTADOS UNIDOS
KEISHA OKAFOR, ESTADOS UNIDOS
KELSEE THOMAS, ESTADOS UNIDOS
KETURAH ARIEL, ESTADOS UNIDOS
KIM HOLT, ESTADOS UNIDOS
KYLIE AKIA ERWIN, ESTADOS UNIDOS
LAUWAART, MARTINICA
LINDSEY BAILEY, ESTADOS UNIDOS
LYDIA MBA, ESPANHA
MARINA VENANCIO, BRASIL
MAYA EALEY, ESTADOS UNIDOS
MIA SAINE, ESTADOS UNIDOS
MONET KIFNER, ESTADOS UNIDOS
MYRIAM CHERY, CANADÁ
NAKI NARH, REINO UNIDO
NAOMI ANDERSON-SUBRYAN, REINO UNIDO
NAOMI SILVERIO, ESTADOS UNIDOS
NICOLE MILES, AS BAHAMAS
NOA DENMON, ESTADOS UNIDOS
NOKWANDA THEMBA, ÁFRICA DO SUL
NYANZA D, REINO UNIDO
OCTAVIA JACKSON, ESTADOS UNIDOS
OLIVIA FIELDS, ESTADOS UNIDOS
ONYINYE IWU, REINO UNIDO
PRETA ILUSTRA, BRASIL
QUEENBE MONYEI, ESTADOS UNIDOS
RENIKE, NIGÉRIA
SANIYYAH ZAHID, ESTADOS UNIDOS
SARAH LOULENDO, FRANÇA
SARAH MADDEN, REINO UNIDO
SHAREE MILLER, ESTADOS UNIDOS
SIMONE MARTIN-NEWBERRY, ESTADOS UNIDOS
TAYLOR MCMANUS, ESTADOS UNIDOS
TEQUITIA ANDREWS, ESTADOS UNIDOS
THAMILES BRITO, BRASIL
TIFFANY BAKER, ESTADOS UNIDOS
TONI D. CHAMBERS, ESTADOS UNIDOS
TRUDI-ANN HEMANS, JAMAICA
VALENCIA SPATES, ESTADOS UNIDOS

SOBRE AS REBEL GIRLS

REBEL GIRLS é uma marca global, multiplataforma de entretenimento, dedicada a inspirar e proporcionar confiança a uma geração de garotas por todo o mundo. A marca Rebel Girls começou em 2016, com um livro best-seller que apresentava mulheres reais e extraordinárias, de todas as épocas, lugares e campos de atuação, com enfoque em criadoras, inovadoras, líderes e defensoras. Além da série de livros, a Rebel Girls criou um podcast premiado, levado aos ouvintes por mulheres fenomenais da nossa época. Garotas Rebeldes também oferece experiências virtuais e brinquedos, e está expandindo seu alcance por meio da televisão, do teatro e de um aplicativo digital. Trata-se de uma comunidade de mulheres que se identificam como rebeldes e se espalham por mais de cem países, com seis milhões de livros vendidos em 51 línguas e 15 milhões de downloads do podcast.

Conecte-se com a rede da Rebel Girls!
Facebook: facebook.com/rebelgirls
Instagram: @rebelgirls
Site: rebelgirls.com
Podcast: rebelgirls.com/podcast

CELEBRE A MAGIA DAS GAROTAS NEGRAS

CELEBRE A MAGIA DAS GAROTAS NEGRAS!

Histórias de ninar para Garotas Rebeldes – 100 mulheres negras extraordinárias é o quarto livro da série best-seller. Esta edição celebra a vida e as conquistas de 100 mulheres e meninas negras que quebraram barreiras e demonstraram a magia que há em cada menina como elas. Editada pela jornalista premiada, Lilly Workneh, com prefácio de CaShawn Thompson, criadora da *hashtag* #blackGirlMagic, o livro traz histórias reais contadas ao estilo dos contos de fadas.

Contemporâneas, como a tenista Naomi Osaka, a astronauta Jeanette Epps, e a cineasta Ava DuVernay, juntam-se a figuras históricas, como a aviadora Bessie Coleman, a imperatriz Taytu Betul e a jornalista Ida B. Wells. Você vai conhecer a campeã de xadrez ugandense Phiona Mutesi, a designer de videogames francesa Muriel Tramis e a roqueira britânica Poly Styrene. O livro foi escrito e ilustrado exclusivamente por mulheres e pessoas não binárias negras.

**Acreditamos
nos livros**

**Este livro foi composto em Montserrat
e impresso pela Geográfica
para a Editora Planeta do Brasil
em dezembro de 2024.**